el
An utter

Englisch

fachfremd unterrichten

Komplett vorbereitete Unterrichtsstunden und
direkt einsetzbare Praxismaterialien

Die Praxis

3./4. Klasse

Auer

Die Internetadressen, die in diesem Werk angegeben sind, wurden vom Verlag sorgfältig geprüft (Redaktionsschluss Dezember 2012). Da wir auf die externen Seiten weder inhaltliche noch gestalterische Einflussmöglichkeiten haben, können wir nicht garantieren, dass die Inhalte zu einem späteren Zeitpunkt noch dieselben sind wie zum Zeitpunkt der Drucklegung. Der Auer Verlag übernimmt deshalb keine Gewähr für die Aktualität und den Inhalt dieser Internetseiten oder solcher, die mit ihnen verlinkt sind, und schließt jegliche Haftung aus.

Hinweisen an info@auer-verlag.de auf veränderte Inhalte verlinkter Seiten werden wir selbstverständlich nachgehen.

Tracklist

Auf der CD finden Sie mehrere englische Lieder, Geräusche sowie Vokabeln und Chunks, passend zu den Vorschlägen im Buch.

Lieder und Hörverstehensübung

1. Ten little dragons
2. Incy Wincy Spider
3. Weather forecast
4. How's the weather?
5. If you're wearing red today
6. The wheels on the bus

Vokabeln und Chunks

Numbers
At school
My body
Family and friends
Through the year
Special days
Weather
Animals
Clothes
Food and drinks
At home
Free time
Travelling
Shopping

Gedruckt auf umweltbewusst gefertigtem, chlorfrei gebleichtem und alterungsbeständigem Papier.

2. Auflage 2017

Illustrationen: Corina Beurenmeister
Satz: Typographie & Computer, Krefeld
Druck und Bindung: J. Walch GmbH & Co. KG
ISBN 978-3-403-06978-2

www.auer-verlag.de

Inhaltsverzeichnis

Vorwort

Die Motivation, eine Fremdsprache zu lernen, ist in der Grundschule sehr hoch. Das muss der Englischlehrer[1] berücksichtigen und so spielerisch wie möglich Inhalte vermitteln, damit die Motivation und die Freude weiterhin bestehen bleiben. Der Spaß an der Sprache und die positive Einstellung (fremden) Sprachen und (fremder) Kultur gegenüber stehen im frühen Englischunterricht im Vordergrund. Sie bleiben den Kindern im günstigsten Fall ein Leben lang erhalten und legen den Grundstein für weiteres Sprachenlernen in der Schule und darüber hinaus.

Die Realität stellt sich leider so dar, dass Englischunterricht in der Grundschule – aus Mangel an ausgebildeten Fachkräften – oft fachfremd erteilt wird. Englischlehrern ohne Studium, aber auch denen, die eine Weiterbildung gemacht haben, fehlt dann das notwendige Rüstzeug bzw. die Sicherheit, um einen didaktisch wertvollen und abwechslungsreichen Englischunterricht durchzuführen. Hier setzt unsere Reihe „Englisch fachfremd unterrichten", bestehend aus einem Basisband und jeweils einem Praxisband für die 1./2. und 3./4. Klasse, an – mit dem Ziel, Anregungen für einen erfolgreichen Englischunterricht zu geben. Wir möchten Ihnen, als fachfremd unterrichtenden Englischlehrer, aber nichts vorschreiben, sondern mit wertvollen Tipps und Tricks aus der Praxis zur Seite stehen. Jeder hat seine eigenen und persönlichen Angewohnheiten, Erfahrungen, Prinzipien und Rituale im Unterricht. Eventuell müssen die Ideen auf Ihre Schülergruppe, Ihre Persönlichkeit und Ihren Unterrichtsstil angepasst werden. Viele Dinge machen Sie vielleicht schon intuitiv oder aus Ihrem pädagogischen Wissen heraus. Die Inhalte sind so aufbereitet, dass sie allgemein und bundesländerübergreifend gültig sind.

Im vorliegenden Praxisband finden Sie fertig vorbereitete Englischstunden mit Stundenverläufen und den dazugehörigen direkt einsetzbaren Praxismaterialien sowie viele Ideen, um die einzelnen Themen weiterzuführen. Als fachfremd unterrichtender Lehrer ist es oft schwierig, sich ohne zu großen Aufwand in ein neues Themengebiet einzuarbeiten und dafür in einem angemessenen Zeitrahmen zu bleiben – hier schafft der Band Abhilfe.

Die beigefügte CD enthält nützliches Audiomaterial: englische Kinderlieder zu den einzelnen Themen, eine Hörverstehensübung sowie den Wortschatz (Vokabeln und Chunks), gesprochen von einem „native speaker", sodass Sie den Kindern ein korrektes Sprachvorbild sein können.

Die Themen aus dem Praxisband für die 1./2. Klasse (Bestell-Nr. 06977) werden im Sinne eines Spiralcurriculums fortgeführt bzw. durch neue ersetzt und ergänzt. Der Basisband (Bestell-Nr. 06976) ist die ideale Ergänzung zu den beiden Praxisbänden und liefert – neben wertvollen Hinweisen zur erfolgreichen Gestaltung des Englischunterrichts – auch viele Materialien, die Sie zusätzlich zu den in diesem Band enthaltenen Kopiervorlagen einsetzen können. Alle drei Bände der Reihe „Englisch fachfremd unterrichten" sind aufeinander abgestimmt, aber auch unabhängig voneinander einsetzbar.

Wir wünschen Ihnen weiterhin viel Spaß und Freude am Unterrichten.

Ihre
Julia Strobel und Anne Charlotte Sutter

1 Aufgrund der besseren Lesbarkeit ist in diesem Buch mit Schüler auch immer Schülerin gemeint, ebenso verhält es sich mit Lehrer und Lehrerin etc.

Zum Aufbau des Buches

Jede Themeneinheit ist gleich aufgebaut und untergliedert sich in die beiden großen Teile Theorie und Material:

Theorie:

Die Theorieseiten enthalten alle notwendigen Informationen, um erfolgreich eine Unterrichtseinheit zu jedem Thema durchführen zu können. Sie sind ebenfalls nach einem einheitlichen Schema aufgebaut, sodass Sie sich schnell und einfach orientieren können.

- **Kompetenzen und Stundenziele:** Alle Kompetenzen in diesem Band sind aus dem Bildungsplan 2004 Grundschule Baden-Württemberg entnommen, finden sich aber in dieser oder ähnlicher Form auch in den Lehr- und Bildungsplänen der anderen Bundesländer wieder und sind deshalb als allgemeingültig anzusehen. Die Stundenziele konkretisieren die Kompetenzen nochmals und sind an den genauen Inhalt der Stunde angepasst.
- **Vokabeln und Chunks:** Hier findet immer eine Unterteilung statt in Vokabeln und Chunks – nicht in jeder Unterrichtseinheit finden sich allerdings Chunks.
  Bei den Vokabeln gibt es einen aktiven Wortschatz, die Vokabeln, die die Kinder lernen und sprechen (in der Regel Wortschatz aus dem jeweiligen Themenbereich), und einen passiven Wortschatz, die Vokabeln, die ausschließlich der Lehrer verwendet (oft Wortschatz, der über den jeweiligen Themenbereich hinausgeht und eher allgemeiner Natur oder aus einem anderen Themenbereich entnommen ist). Der passive Wortschatz ist in Klammern gesetzt.
  Bei den aufgelisteten Chunks handelt es sich immer um die Chunks, die in der Stunde verwendet werden. Chunks, die in Folgestunden sinnvoll mit dem Thema verknüpft werden können, sind in der Ideensammlung für weitere Stunden extra aufgeführt.
  Die Vokabeln und Chunks der Stunde sind alle auf der beiliegenden Audio-CD enthalten, gesprochen von einem „native speaker".
- **Material:** Hier sind übersichtlich alle Materialien aufgelistet, die für die Stunde benötigt werden.
- **Vorbereitung für die Stunde:** Stichpunktartig ist hier aufgeführt, was wie vorbereitet und welches Material evtl. noch wie aufbereitet werden muss. Die Bildkarten können angemalt und laminiert, aber auch so verwendet werden. Wo eine Farbigkeit der Bildkarten notwendig ist, ist es extra angegeben.
- **Tafelbild:** In einigen Stunden ist ein Tafelbild notwendig – dieses ist dann unter diesem Punkt abgebildet.
- **Tipps für die Stunde:** Manche Stunden erfordern Extra-Hinweise. Ist dies der Fall, sind diese hier aufgeführt.
- **Stundenverlauf:** Bei den ausgearbeiteten Stunden handelt es sich jeweils um eine Einführungsstunde zum Thema, diese ist oft lehrerzentriert. Der Stundenverlauf ist aus Gründen der Übersichtlichkeit im praktischen Querformat angelegt und immer auf einer oder mehreren Extraseiten, sodass er gesondert ausgedruckt und mit in die Stunde genommen werden kann.
- **Ideensammlung für weitere Stunden:** Ebenfalls jeweils auf einer Extraseite findet sich hier in übersichtlicher Pinnwandoptik eine Vielfalt an Ideen für weitere (dann in der Regel schülerzentrierte) Stunden, um das Gelernte zu festigen, das Thema fortzuführen oder einfach anders zu gestalten.

Material:

Die Materialseiten enthalten alle Kopiervorlagen, die für die Einführungsstunde benötigt werden. Es handelt sich dabei um so vielfältige Materialien wie Bildkarten, Bastelvorlagen, Liedtexte, Arbeitsblätter, Storykarten usw. Die Kopiervorlagen sind nummeriert.

Counting to 100

Kompetenzen und Stundenziele	Vokabeln und Chunks	Material
Kompetenzen: • S kennen einfache Satzformeln zu konventionalisierten Interaktionssituationen (...). • S kennen feststehende Muster (...) Dinge zu benennen, (...) Besitz anzugeben und zu erfragen (...). **Stundenziel:** • S können die Zahlen von 1 bis 100 sprechen und vorgefertigte Satzstrukturen situativ einsetzen.	**Vokabeln:** *numbers 0 to 100* **Chunks:** *What is your number?* *My number is ...*	• Zahlenkärtchen (KV 1)

Vorbereitung für die Stunde:

- Zahlenkärtchen kopieren, ggf. laminieren und ausschneiden; bei größeren Klassen weitere Zahlenkärtchen erstellen

Tafel:

What is your number? My number is ...	10 11 12 13 14 15 16 17 18 19 20 30 40 50 60 70 80 90 100	

Stundenverlauf:

Zeit	Phase	Lehreraktivität	Schüleraktivität	Sozialform	Medien
0:00–0:03	Beginn	L führt Anfangsritual durch.			
0:03–0:08	Einführung	L wiederholt mit S die Zahlen 0 bis 10. L zeigt eine Zahl mit den Fingern: *„Do you remember the number?"* L zeigt eine weitere Zahl mit den Fingern: *„What number is this?"* L wiederholt so alle Zahlen bis 10.	S nennen die Zahl auf Englisch. S nennen die Zahl auf Englisch.	Frontal	
0:08–0:20	Erarbeitung 1	L schreibt eine 10 an die Tafel. L: *„This is number …?"* L schreibt die 11 an die Tafel. L: *„It's eleven! Let's say it together: eleven!"* L verfährt mit den restlichen Zahlen bis 20 nach gleichem Muster. L zeigt in unterschiedlicher Reihenfolge auf die Zahlen an der Tafel.	S:„Ten!" S stellen Vermutungen an, wie die Zahl 11 auf Englisch heißen könnte. S sprechen chorisch nach. S nennen die angezeigte Zahl. S nennen die angezeigte Zahl.	Frontal	Tafel
0:20–0:32	Erarbeitung 2	L schreibt in eine weitere Zeile die Zahl 30. L: *„What number is this? Does anyone know it in English?"* L: *„(Yes,) it's thirty! Let's say it together: thirty!"* L verfährt mit den weiteren Zehnerzahlen nach gleichem Muster.	S benennen die Zahl auf Deutsch, evtl. weiß ein S die englische Bezeichnung. S sprechen chorisch nach.	Frontal	Tafel

		L erklärt auf Deutsch, wie es sich mit den übrigen Zahlen verhält: „*Anders als im Deutschen wird zuerst der Zehner genannt, anschließend der Einer, zum Beispiel 26 = twenty-six; 52 = fifty-two, ...*“ (Während des Erklärcns schreibt der L die Beispielzahlen in eine dritte Zeile an die Tafel und zeigt beim Sprechen darauf.) L schreibt einige weitere Zahlen an die Tafel. L: „*What number is it?*“	S nennen die Zahlen auf Englisch.		
0:32–0:37	Festigung 1	L verteilt Zahlenkärtchen. L: „*Please stand up! Walk around and ask the others about their numbers!*” L gibt ein Beispiel und schreibt die Chunks *What is your number?* und *My number is ...* als Hilfestellung an die Tafel.	S schauen sich ihre Nummer an und überlegen, wie diese auf Englisch heißt. S1: „*What is your number?*“ S2: „*My number is ...*“	GA	Zahlen-kärtchen
0:37–0:44 (Puffer)	Festigung 2	L: „*Go together with a partner!*“ L sucht das erste Paar heraus. L: „*XY1 and XY2, please come to the board and show your numbers!*“ L: „*Let's calculate: What's ... plus ...?*“	S gehen mit einem Partner zusammen. Paar kommt an die Tafel und zeigt seine Zahlen. S addieren die beiden gezeigten Zahlen und nennen das Ergebnis. Danach kommt ein neues Paar an die Tafel.	GA	Zahlen-kärtchen
0:44–0:45	Abschluss	L führt Abschlussritual durch.			

Ideensammlung für weitere Stunden

Lieder:

- Ten little dragons (CD Track 1, KV 2)

Spiele:

- Bingo („Die Basis")

Kinderbücher:

- 1001 animals to spot (Ruth Brocklehurst)

Reime, Klatschspiele und Abzählverse:

- One, two, buckle my shoe („Die Basis")

Weitere Übungen:

- Dinge im Klassenzimmer zählen
- auf Englisch rechnen
- Anzahlen raten

Zahlenkärtchen

23	26	27	31
34	35	42	48
49	51	55	56
61	67	68	72
74	79	83	84
86	93	95	97

„Ten little dragons“

Lied: traditionell, Text: adaptiert

2. One little, two little, three little dragons,
four little, five little, six little dragons,
seven little, eight little, nine little dragons,
ten little dragon boys.

3. One little, two little, three little dragons,
four little, five little, six little dragons,
seven little, eight little, nine little dragons,
ten little dragon kids.

My school subjects

Kompetenzen und Stundenziele	Vokabeln und Chunks	Material
Kompetenzen: • S können aus der direkten Beobachtung von oder Teilnahme an Interaktionen und Kommunikationsereignissen gezielt und aspektbezogen lernen. • S kennen feststehende Muster, um einen Gegenstand zu erbitten, Dinge zu benennen, (...). • S können bekannte Fragen und Anweisungen verstehen (...) und entsprechend reagieren. **Stundenziel:** • S können Schulfächer auf Englisch benennen.	**Vokabeln:** *maths, English, German, PE, religion, art, music, science, school subjects, timetable, (Monday, Tuesday, Wednesday, Thursday, Friday)* **Chunks:** *Have you got ...? Yes, I have got .../No, I haven't got ...*	• Handpuppe • Stundenplan der Klasse auf Englisch • Wortkarten „Days of the week" (KV 3) • Bildkarten „School subjects" (KV 4) • Wortkarten „School subjects" (KV 5) • Arbeitsblatt „My school subjects" (KV 6)

Vorbereitung für die Stunde:

- aktuellen Stundenplan der Klasse auf Englisch umschreiben und mitbringen
- Wortkarten „Days of the week" (KV 3) kopieren, evtl. laminieren und ausschneiden
- Bildkarten „School subjects" (KV 4) kopieren, evtl. anmalen und laminieren, ausschneiden
- Wortkarten „School subjects" (KV 5) kopieren, evtl. laminieren und ausschneiden
- Wort-Bildkarten-Pärchen (KV 4 und 5) in Klassenstärke kopieren, laminieren und ausschneiden
- Arbeitsblatt „My school subjects" (KV 6) im Klassensatz und auf Folie kopieren
- Tafelbild vorbereiten

Tafel:

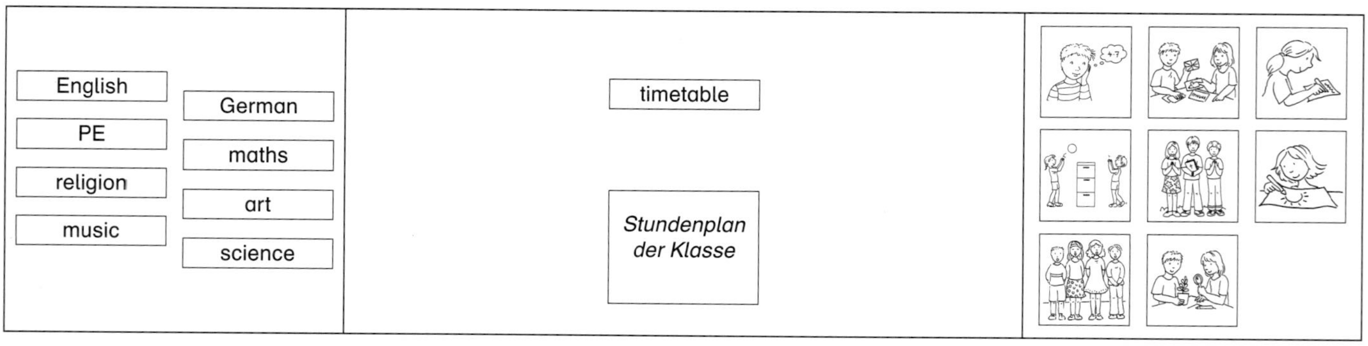

Tipps für die Stunde:

- Bevor diese Stunde durchgeführt wird, müssen die Wochentage eingeführt worden sein.
- Spielanleitung „Find your partner":
  - L teilt in Klassenstärke Bildkärtchen und die passenden Wortkärtchen aus, sodass jeder S ein Bildkärtchen oder ein Wortkärtchen hat.
  - Nun müssen die S durch Fragen und Antworten (*„Have you got maths/...?" – „Yes, I have got/No, I haven't got maths/..."*) ihren Partner finden.
  - Das Spiel ist zu Ende, wenn alle Wortkärtchen-Bildkärtchen-Paare richtig zusammenstehen.

Stundenverlauf:

Zeit	Phase	Lehreraktivität	Schüleraktivität	Sozialform	Medien
0:00–0:03	Beginn	L führt Anfangsritual durch.			
0:03–0:08	Einführung	HP: „*Children, it's my first day here in class … today.*" HP klappt die Tafel auf: „*This is the timetable for this year.*" (HP zeigt auf Stundenplan.) L fragt S: „*Do you know what a timetable is?*" L gibt evtl. Hilfestellung (zeigt auf den Stundenplan der Klasse: „*This is your timetable.*") HP: „*Let's say it together: timetable!*" HP befestigt WK „timetable" über dem Stundenplan.	S äußern ihre Vermutungen. S sprechen chorisch nach.	Frontal	Handpuppe Tafel Stundenplan Wortkarte „Timetable"
0:08–0:11	Hinführung	HP zeigt auf die Spalte für den Montag: „*What's the first day of the week?*" HP: „*Yes, it's Monday! Let's say it together: Monday!*" HP verfährt mit den restlichen Wochentagen nach dem gleichen Muster.	S: „*(It's) Monday!*" S wiederholen die Vokabeln der Wochentage.	Frontal	Handpuppe Tafel Stundenplan Wortkarte „Timetable"
0:11-0:30	Erarbeitung 1	HP zeigt auf eine Stunde im Stundenplan: „*This is my favourite school subject.*" und unterstützt dies mit Gesten (Daumen hoch). HP: „*Can you read it?*" HP: „*Yes, it's 'maths'/... Let's say it together: maths/...!*" HP zeigt auf die WKs und fragt, wer das gelesene Wort dort wiederfindet: „*Can you find 'maths'/...?*" HP: „*XY, please take the word card 'maths'/...!*" HP zeigt auf die WK:„*Can you find the matching picture?*"	S liest das Wort vor. S sprechen chorisch nach. S suchen die richtige WK. S nimmt die WK von der Tafel. S stellen Vermutungen an, zu welcher BK die WK passt	Frontal L-S-Interaktion	Handpuppe Tafelbild Wortkarten Bildkarten

		Haben die S die richtige BK gefunden, bejaht HP dies: „*Yes, this is 'maths'/...*“ HP: „*Please put the word below the picture!*“ HP zeigt auf BK-WK-Kombination: „*Do you know the German word?*“ HP zeigt auf BK: „*Yes, 'maths'/... is Mathe/... in German.*“ HP wiederholt das entsprechende Fach auf Englisch: „*Let's say it together: maths/...!*“ HP verfährt mit den restlichen WK nach dem gleichen Muster.	S befestigt WK unter entsprechender BK. S benennen das Fach auf Deutsch. S sprechen chorisch nach.		
0:30–0:40	Festigung 1	HP klappt die Tafel zu und verabschiedet sich. L teilt AB „School subjects" aus. L: „*Please write the right school subjects below the pictures.*“ L legt Folienkopie auf OHP und schreibt die richtige Lösung während der Besprechung hinein (kann auch von den S übernommen werden).	S schreiben die passenden Vokabeln unter die entsprechenden Bilder. S lesen ihre Ergebnisse vor.	EA Frontal	Arbeitsblatt
0:40–0:44	Festigung 2	L verteilt WK und BK an S. L erklärt das Vokabelspiel mit visueller Unterstützung. L: „*Find your partner! If you have a word card, find your picture card-partner. If you have a picture card, find your word card-partner!*“	S spielen Vokabelspiel.	GA	Wortkärtchen und Bildkärtchen
0:44–0:45	Abschluss	L führt Abschlussritual durch.			

Ideensammlung für weitere Stunden

Spiele:
- „Find the difference": zwei Stundenpläne auf Englisch ausfüllen und dabei einige Fächer verändern

Kinderbücher:
- Splat the cat (Rob Scotton)
- Froggy goes to school (Jonathan London)

Weitere Übungen:
- Stundenplan auf Englisch schreiben (leeren Stundenplan zum Ausfüllen kopieren)
- Umfrage: *„What's your favourite subject?" – „My favourite subject is ..."*

Interkulturelles Lernen:
- über den Schulalltag in Großbritannien/ Amerika sprechen; Unterschiede feststellen und Plakate gestalten

Chunks:
- Do you like ...?
- Yes, I like ...
- No, I don't like ...
- What's your favourite subject?
- My favourite subject is ...

Wortkarten „Days of the week“

Monday	Tuesday
Wednesday	Thursday
Friday	Saturday
Sunday	timetable

Bildkarten „School subjects“

Wortkarten „School subjects“

maths	English
German	PE
religion	art
music	science

Name: ______________________ Date: ________________ Class: _____

My school subjects

Do you know the school subjects? Write the names below the pictures!

______________________ ______________________ ______________________

______________________ ______________________ ______________________

______________________ ______________________

English – music – PE – science – maths – art – German – religion

I am ill

Kompetenzen und Stundenziele	Vokabeln und Chunks	Material
Kompetenzen: • S können aus der direkten Beobachtung von oder Teilnahme an Interaktionen und Kommunikationsereignissen gezielt und aspektbezogen lernen. • S können mit Hilfsmitteln eine sehr kurze und einfache Präsentation gestalten. • S verfeinern und reflektieren zunehmend ihre Strategien, um zu verstehen und sich verständlich zu machen, differenzieren sprachliche Strukturen aus, verfeinern sie und wenden sie an. **Stundenziel:** • S können die Krankheiten auf Englisch benennen.	**Vokabeln:** *doctor, headache*[1]*, stomach ache, sore throat, earache, fever, cold* **Chunks:** *How are you? I/You have got a/an ... (My ... hurts. I am ill. He/She is ill. They are ill. That helps. Go to bed. Eat fruit. Take an onion/a hot-water bottle/a warm blanket. Suck a cough drop. Drink tea/water. Wear a scarf.)*	• Handpuppe • Bett für Handpuppe • Bildkarten „I am ill" (KV 7) • Arbeitsaufträge „At the doctor's" (KV 8) • Arbeitsblatt „I am ill" (KV 9) • Arbeitsblatt „The animals are ill" (KV 10) • weißes Papier • Magnete • evtl. Dinge zum Verarzten der Handpuppe, (Schal, Tasse, Glas, Decke, Hustenbonbon, Zwiebel etc.)

Vorbereitung für die Stunde:

- Handpuppe, Bett für Handpuppe und evtl. Dinge zum Verarzten der Handpuppe (Schal, Tasse, Glas, Decke, Hustenbonbon, Zwiebel etc.) mitbringen
- Bildkarten „I am ill" (KV 7) kopieren, evtl. anmalen und laminieren, ausschneiden
- Arbeitsaufträge „At the doctor's" (KV 8) kopieren
- Arbeitsblatt „I am ill" (KV 9) und Arbeitsblatt „The animals are ill" (KV 10) im Klassensatz kopieren
- weißes Papier im Klassensatz und Magnete bereitlegen

Tafel:

1 Im Englischen ist „ache" bei den Krankheitsbezeichnungen in der Einzahl, auch wenn es bei uns mit „Schmerzen" (z. B. Kopfschmerzen) übersetzt wird.

Stundenverlauf:

Zeit	Phase	Lehreraktivität	Schüleraktivität	Sozialform	Medien
0:00–0:03	Beginn	L führt Anfangsritual durch.			
0:03–0:10	Einführung	Die Handpuppe ist krank. HP: *„Hello, boys and girls. How are you?"* (sehr weinerlich) HP: *„Not so good. My head hurts* (HP fasst sich an den Kopf). *Ouch!"* L: *„Oh, have you got a headache?"* HP: *„Yes, I have got a headache."* L macht BK „headache" an die Tafel. L: *„Can you repeat this: He/She has got a HEAD-ACHE."* (Geste: Hand auf Kopf und gequälter Gesichtsausdruck) Folgende Vokabeln werden ähnlich eingeführt: earache, stomach ache, sore throat. HP: *„My nose is running and I am coughing."* L: *„You have got a cold."* HP: *„Yes, I have got a cold."* (BK + S wiederholen, s.o.) HP: *„And I feel hot and cold."* L legt Hand auf Stirn von HP: *„Oh, you have fe-ver."* (BK + S wiederholen, s.o.) L: *„Oh, I think you are very ill. You better go to bed."* HP wird ins Bett gelegt und zugedeckt, sodass sie noch sichtbar ist. L schreibt Überschrift an die Tafel: I'm ill.	S antworten HP und fragen, wie es ihr geht. S sprechen chorisch nach und machen die Gesten dazu.	Frontal	Handpuppe Bildkarten Tafel Magnete
0:10–0:25	Erarbeitung	L vervollständigt Überschrift mit Satz „I have got a/an ..." als Unterüberschrift. L zeigt auf die Wörter und spricht sie als Satz (*„I have got a/an ..."*) gemeinsam mit den S. Die Krankheit wird mit einer Geste unterstützt.	S sprechen chorisch nach und machen die Gesten dazu.	Klassen-gespräch	Tafel mit Tafelbild Arbeitsauf-träge weißes Papier

		L: „*Poor …! How can we help …? What can he/she do?*" L: „*Good ideas. Let's form six groups. Think of what helps, if you are ill. There will be a stomach ache group, a headache group and so on.*" L teilt S in sechs Gruppen und verteilt die Arbeitsaufträge.	S machen Vorschläge. S arbeiten in Gruppen und überlegen, was man gegen „ihre" Krankheit machen kann, schreiben und malen es auf. L hilft mit Vokabeln.		
0:25–0:35	Festigung 1	L: „*Time is up. I am sure you had some good ideas. Group one, please come to the board.*" HP hört zu und bedankt sich danach für die Tipps. Auch L lobt S.	S kommen gruppenweise nach vorne und stellen ihre Ergebnisse vor. Dabei heften sie ihre Ergebnisse zu „ihrer" Krankheit.	Präsentation	Handpuppe Tafel beschriebenes weißes Papier Magnete
0:35–0:42	Festigung 2	L: „*Please copy the mindmap.*" L teilt Arbeitsblätter aus.	S schreiben Mindmap auf vorgefertigtem AB ab.	Einzelarbeit	Tafel Arbeitsblatt
Puffer	Festigung 3	L hat Gegenstände zum Verarzten der HP griffbereit. L: „*You had very good ideas to help … What can he/she do against his/her sore throat?*" (ähnliches Vorgehen bei allen Krankheiten) L: „*Thank you. I am sure … will get well soon.*" HP: „*Yes, I think so, too. Thank you!*"	S melden sich und geben die Antwort. Ist sie richtig, dürfen sie den Gegenstand zur HP bringen und sie damit verarzten.	Klassengespräch	Handpuppe Gegenstände zum Verarzten der Handpuppe
0:42–0:44	Hausaufgabe	L erklärt Hausaufgabe. L teilt Hausaufgabe aus.	S schreiben sich Hausaufgabe auf.	Frontal	Arbeitsblatt
0:44–0:45	Abschluss	L führt Abschlussritual durch.			

Ideensammlung für weitere Stunden

Spiele:

- Balldialog: S1 wirft den Ball zu S2 und fragt: *„Are you ill?"* S2 fängt den Ball, überlegt sich eine Krankheit und antwortet: *„Yes, I have got a/an ..."* oder S1 wirft den Ball zu S2 und sagt: *„I have got a/an ..."* und S2 gibt ihm daraufhin einen Rat: *„You need to ..."*

Bastelarbeiten:

- „Get well soon"-Karte an kranken Mitschüler schreiben (als Ritual einführen)

Kinderbücher:

- Bear feels sick (Karma Wilson)
- How do dinosaurs get well soon? (Jane Yolen)

Weitere Übungen:

- S versorgen einen Patienten und sprechen dabei auf Englisch mit, was sie tun, ...
- S erhalten einen Zettel, auf dem eine Krankheit steht, die sie in einem Rollenspiel mit ihrem Partner vorgeben zu haben. Der Partner versorgt den „Kranken", schreibt evtl. ein Rezept, das der Patient in der Apotheke (beim Lehrer) einlösen kann, ...

Weiterführende Themen:

- Einführen weiterer Wörter wie z. B. broken leg/arm, hospital, nurse, ...

Bildkarten „I am ill“

cough
drop

Arbeitsaufträge „At the doctor's"

Group 1: stomach ache

What can help you when you have a stomach ache?

Draw it and write it down on a white paper.

Present it to your class.

Group 2: headache

What can help you when you have a headache?

Draw it and write it down on a white paper.

Present it to your class.

Group 3: earache

What can help you when you have a earache?

Draw it and write it down on a white paper.

Present it to your class.

Group 4: fever

What can help you when you have a fever?

Draw it and write it down on a white paper.

Present it to your class.

Group 5: cold

What can help you when you have a cold?

Draw it and write it down on a white paper.

Present it to your class.

Group 6: sore throat

What can help you when you have a sore throat?

Draw it and write it down on a white paper.

Present it to your class.

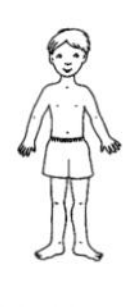

Name: ______________________ Date: ________________ Class: _____

I am ill

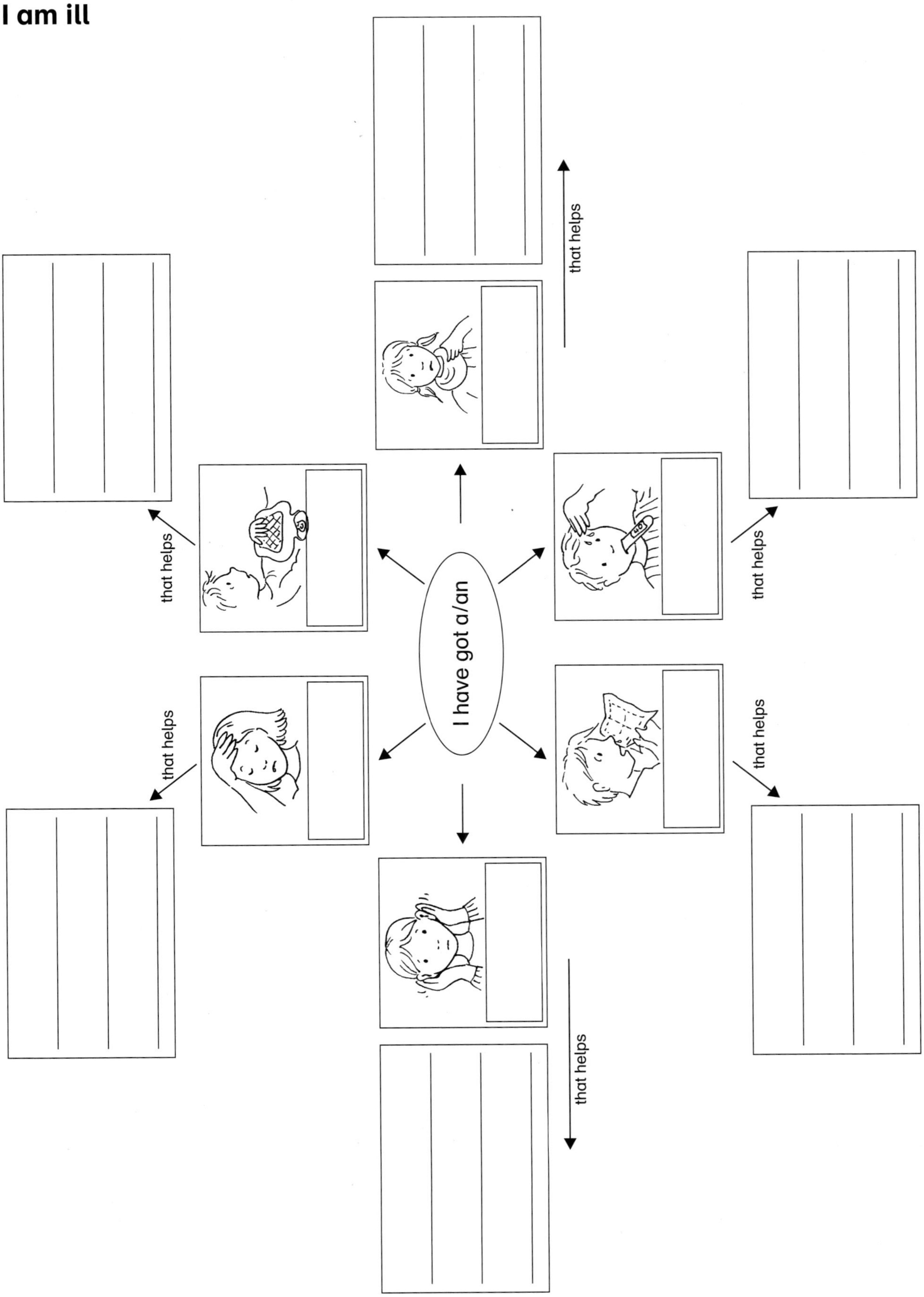

go to bed – eat fruit – take an onion/a hot-water bottle/a warm blanket – suck a cough drop – drink tea/water – wear a scarf –
cold – stomach ache – fever – earache – headache – sore throat

Name: ____________________ Date: ________________ Class: ______

The animals are ill

The animals are ill. What have they got?

The bear has got a ______________________________.

That helps: ______________________________

____

The giraffe has got a ______________________________.

That helps: ______________________________

____

The rabbit has got a ______________________________.

That helps: ______________________________

____

The elephant has got a ______________________________.

That helps: ______________________________

____

The monkey has got an ______________________________.

That helps: ______________________________

____

The mouse has got a ______________________________.

That helps: ______________________________

____

headache – cold – stomach ache – earache – fever – sore throat

This is me

Kompetenzen und Stundenziele	Vokabeln und Chunks	Material
Kompetenzen: • S kennen feststehende Muster, um Vorlieben und Abneigungen zu äußern. • S verfeinern und reflektieren zunehmend ihre Strategien, um zu verstehen und sich verständlich zu machen, differenzieren sprachliche Strukturen aus, verfeinern sie und wenden sie an. **Stundenziel:** S können Informationen über ihre Person auf Englisch ausdrücken.	Wiederholung bekannter Vokabeln und Chunks der Themengebiete Colours, At school, My body, Family and friends, Through the year, Animals, Food and drinks, Free time (siehe Audio-CD bzw. „Die Praxis 1./2. Klasse")	• Handpuppe • Brief (KV 11) • Englischwörterbücher für die Grundschule • Arbeitsblatt „This is me" (KV 12) • Arbeitsblatt „Interview" (KV 13)

Vorbereitung für die Stunde:

- Brief (KV 11) von Handpuppe schreiben (möglicher Text: Dear ... How are you? I'm fine. How's the weather in Germany? In London it's raining. I am sending you a 'This is me' page. Can you make one for me, too? Love, Jill)
- Arbeitsblatt „This is me" (KV 12) für Freundin der Handpuppe ausfüllen
- Briefumschlag gestalten und Brief und Arbeitsblatt hineinstecken
- Englischwörterbücher für die Grundschule bereitlegen
- Arbeitsblätter „This is me" (KV 12) und „Interview" (KV 13) im Klassensatz kopieren

Tafel:

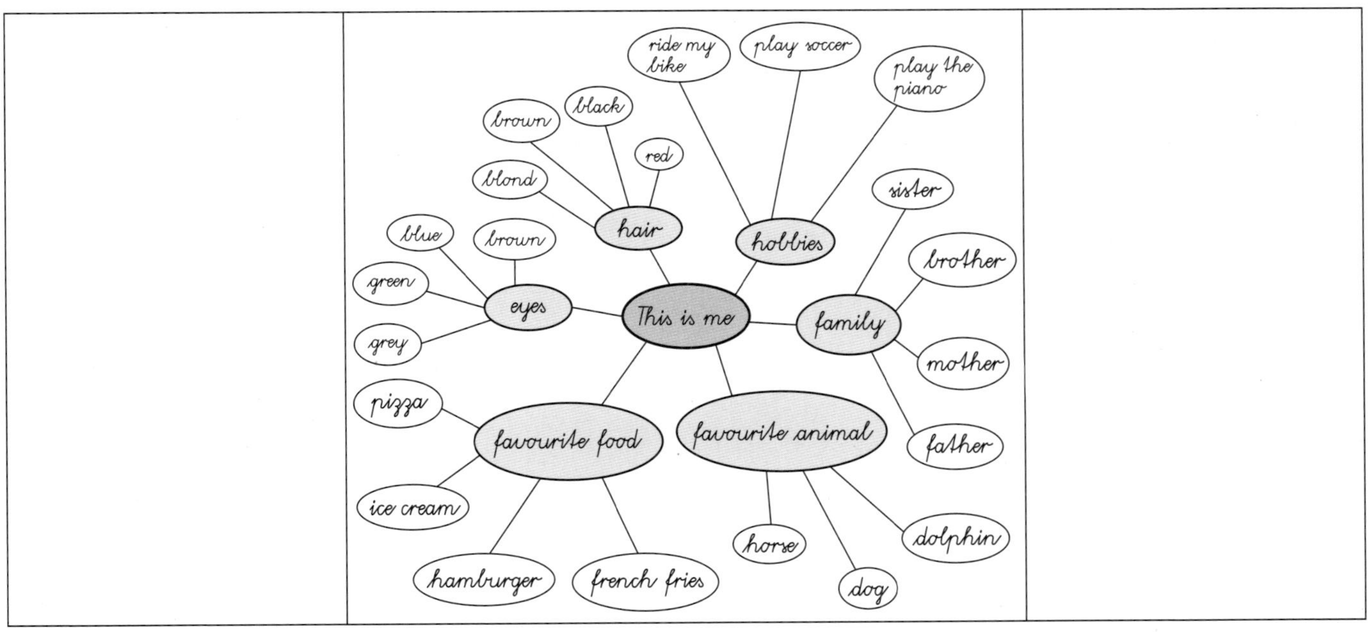

Stundenverlauf:

Zeit	Phase	Lehreraktivität	Schüleraktivität	Sozialform	Medien
0:00–0:03	Beginn	L führt Anfangsritual durch.			
0:03–0:10	Einführung	HP: „*Today is a good day. Do you know why?*" HP: „*I got a letter.*" HP zeigt Briefumschlag, macht ihn auf und holt Brief und Fragebogen heraus. HP: „*Look: My friend Jill made a 'This is me' page for me. Isn't that nice?*" HP zeigt 'This is me' page und liest vor. HP: „*I have to write her back and I have to make a 'This is me' page, too. Can you help me?*"	S verneinen es.	Frontal oder im Kinositz	HP Brief
0:10–0:25	Erarbeitung	L klappt Tafel auf, schreibt in die Mitte: „This is me" und sammelt mit den S auf einer Mindmap, was alles auf so eine Seite stehen kann. L übersetzt oder wiederholt Aussagen der S und schreibt sie in die Mindmap. HP bedankt sich bei S und setzt sich in die Ecke, um seinen/ihren Brief zu schreiben.	S antworten auf Deutsch und Englisch.	Frontal	Tafel
0:25–0:40	Festigung 1	L teilt AB aus: „*Work in pairs or by yourself on your 'This is me' page. Here are dictionaries if you need any words.*"	S arbeiten allein oder mit einem Partner an ihrer „This is me"-Seite.	Einzel- oder Partnerarbeit	AB Wörterbücher
Puffer	Präsentation der Arbeitsergebnisse	Die fertigen „This is me"-Seiten werden an einer Stellwand oder der Tafel ausgestellt. S, die fertig sind, bekommen das Interviewblatt und dürfen in Partnerarbeit das Interview üben.	S stellen sich mithilfe ihrer Seite vor.	Partnerarbeit	Tafel AB
0:40–0:44	Hausaufgabe	HP zeigt den zugeklebten Brief und bedankt sich nochmal: „*Thanks a lot for your help! I need to go to the post office now. See you! Goodbye!*" L verteilt Hausaufgabe und erklärt, dass S eine Person auf Englisch interviewen sollen: „*You have to do an interview with one person.*"	S verabschieden sich von HP. S schreiben Hausaufgabe auf.	Frontal	AB
0:44–0:45	Abschluss	L führt Abschlussritual durch.			
Nächste Stunde	S sollten die Möglichkeit bekommen, ihre „This is me"-Seite vorzustellen – entweder als Ausstellung, als Präsentation oder als Interview mit einem Partner (z. B. in Form einer Fernsehshow, s. Kapitel „Weather").				

Ideensammlung für weitere Stunden

Spiele:

- „Fruit salad“ als „This is me”-Variante, z. B. *„He or she has got brown hair.”* („Die Basis”)

Bastelarbeiten:

- ein „Friendship book“ basteln

Weitere Übungen:

- mit einer Grundschule aus einem englischsprachigen Land eine E-Mail-Freundschaft aufbauen und sich dabei gegenseitig vorstellen

Fächerübergreifend:

- Thema Freundschaft und Mobbing

Brief

Name: ______________________ Date: ________________ Class: _____

This is me

My name: ______________________

My birthday is in: ______________________ 

My colour of hair: ______________________

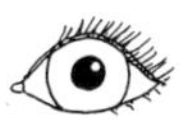 My colour of eyes: ______________________

My family: ______________________ 

____

My favourite colour: ______________________ 

My favourite animal: ______________________

My favourite food: ______________________

 My favourite drink: ______________________

My favourite subject: ______________________

My hobbies: ______________________

____

Name: ______________________ Date: ________________ Class: _____

An interview

What's your name? My name is ______________________________.

When is your birthday? My birthday is in

______________________________.

Do you have brothers and sisters? I have/don't have ______________________________.

What is your favourite colour? My favourite colour is ______________________________.

What is your favourite animal? My favourite animal is a/an

______________________________.

What is your favourite food? My favourite food is ______________________________.

What is your favourite drink? My favourite drink is

______________________________.

What is your favourite subject? My favourite subject is ______________________________.

What are your hobbies? My hobbies are ______________________________

______________________________.

The months of the year

Kompetenzen und Stundenziele	Vokabeln und Chunks	Material
Kompetenzen: • S kennen einfache Satzformeln zu konventionalisierten Interaktionssituationen (...) **Stundenziel:** • S kennen die Monate auf Englisch und können ihren Geburtsmonat nennen.	**Vokabeln:** *January, February, March, April, May, June, July, August, September, October, November, December* **Chunks:** *When is your birthday?* *My birthday is in ...*	• Handpuppe • typische Monatsbilder eines ausgedienten Kalenders • Klassengeburtstagsliste • Kalender (KV 14) • Minibuch „My birthday calendar" (KV 15) • Arbeitsblatt „The months of the year" (KV 16) • Magnete

Vorbereitung für die Stunde:

- typische Monatsbilder eines ausgedienten Kalenders und Klassengeburtstagsliste mitbringen
- Kalender (KV 14) kopieren: 7 x 31 Tage, 5 x 30 Tage und 1 x 28 oder 29 Tage – evtl. auf verschiedenfarbiges Papier; Wortkarten auseinanderschneiden
- erstes Feld (My birthday is in ...) von Minibuch „My birthday calendar" (KV 15) auf DIN A3 vergrößern, den eigenen Geburtsmonat oder den der Handpuppe eintragen und anmalen
- Minibuch „ My birthday calendar" (KV 15) und Arbeitsblatt „The months of the year" (KV 16) im Klassensatz kopieren
- Überschrift „My birthday calendar" an die Tafel schreiben, darunter die Kalenderblätter in der richtigen Reihenfolge hängen, außen herum die Wortkarten und Kalenderblätter verteilen; Tafel zuklappen

Tafel:

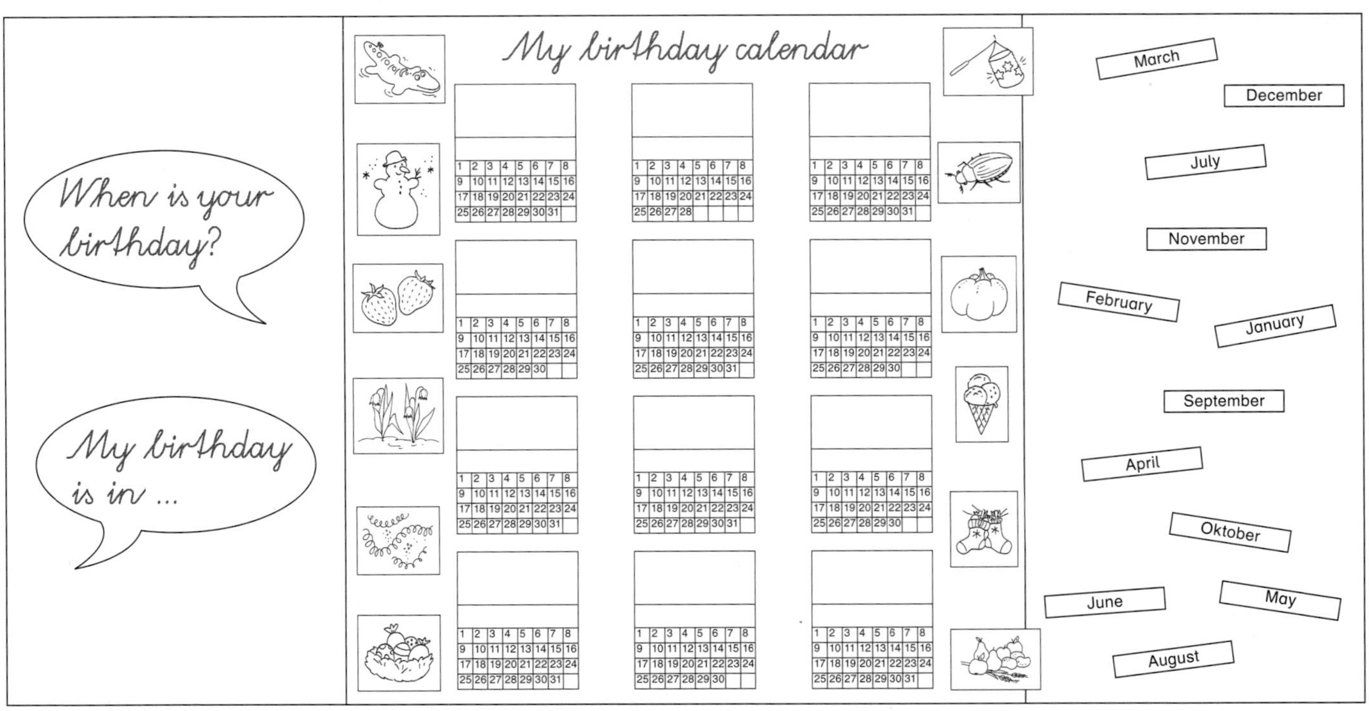

Stundenverlauf:

Zeit	Phase	Lehreraktivität	Schüleraktivität	Sozialform	Medien
0:00–0:03	Beginn	L führt Anfangsritual durch.			
0:03–0:05	Einführung	HP erzählt S ganz aufgeregt: *„Tomorrow will be my birthday. I am so excited. I like birthdays. Do you like birthdays?"* HP: *„When is your birthday?"* L: *„Hey …, they don't know the English names of the months."* HP zu S: *„Really? But it's so easy. Just repeat after me: January, February, …"* HP: *„See, now they know it."* L: *„Um, well, thank you … Now, let me teach."* HP: *„Okay."* HP setzt sich hin.	S antworten. S versuchen zu antworten. S sprechen chorisch nach.	Frontal	Handpuppe
0:05–0:20	Erarbeitung	L bittet S in den Halbkreis: *„Please form a semi-circle."* L öffnet Tafel: *„The calendar is mixed up. Can you fix it?* *L: „Have you finished? Please sit down. Let's see what you did."* L: *„The first month of the year is …"* L: *„What picture did you choose? Do you think that's right?"* L lobt S für den Kalender und bittet sie dann an ihre Plätze zurück: *„Well done. Now, please go back to your seats."* L schreibt in der Zwischenzeit die Chunks „When is your birthday?" und „My birthday is in …" an die Tafel.	S kommen in den Halbkreis. S ordnen Monate der Reihenfolge nach und den Kalenderblättern zu. Dazu ordnen sie Bilder. S setzen sich in den Kreis zurück und schauen sich den Kalender an. S antworten: *„January!"* S übernehmen nach und nach die Erklärungen. S gehen zurück an ihre Plätze	Halbkreis	Tafelbild mit Überschrift, Monatsbildern, Kalenderblättern und Wortkarten

0:20–0:25	Festigung 1	L: *„Now we need to put your birthday in the calendar. Repeat after me: When is your birthday?"* L: *„My birthday is in …"* L fragt: *„When is your birthday?"* und wirft Ball einem S zu. L schreibt Geburtstag auf (mithilfe der Liste auch den richtigen Tag).	S sprechen chorisch nach. S sprechen chorisch nach. S antwortet (evtl. mit Hilfe). S wirft Ball weiter und stellt die Frage.		kleiner Ball, Klassengeburtstagsliste, Stift Tafelbild
0:25–0:42	Festigung 2	L zeigt Minibuch. L: *„Now we make our own little birthday calendar."* L: *„When your mini calendar is ready, you can walk around and ask your classmates: When is your birthday?"* L klappt Tafel zu und befestigt an der Außenseite Minibuchbeispielseite in DIN A3. L nimmt HP zu Hilfe und führt Dialog vor. HP: *„When is your birthday?"* L: *„My birthday is in …"* HP schreibt Namen des L auf die Beispielseite. L geht zu den S und hilft ihnen ggf. beim Basteln.	S basteln Minibuch. S laufen leise durchs Klassenzimmer und fragen ihre Mitschüler nach ihrem Geburtsdatum[1].		Minibuch Minibuchbeispielseite Magnete
0:42–0:44	Hausaufgabe	L erklärt die Hausaufgabe und teilt AB aus.	S schreiben die Hausaufgabe auf.	Frontal	Arbeitsblatt
0:44–0:45	Abschluss	L führt Abschlussritual durch.			
L nimmt lose Kalenderblätter von der Tafel und heftet sie als Kalender zusammen (am besten Spiralbindung).					

1 Je nach Klasse kann es besser (geordneter) sein, wenn man die Schüler durchs Klassenzimmer laufen und auf ein akustisches Signal hin den Partner wechseln lässt.

Ideensammlung für weitere Stunden

Bastelarbeiten:

- Gruppenfoto von allen Januargeburtstagskindern, ... machen, ausdrucken und im Kalender einkleben
- passende Bilder zu den einzelnen Monaten malen und im Kalender einkleben

Weitere Übungen:

- mithilfe des Kalenders Jahreszeiten wiederholen

Weiterführende Themen:

- Ordnungszahlen einführen, sodass auch der genaue Tag des Geburtstags im Kalender eingetragen werden kann

Kalender

1	2	3	4	5	6	7	8
9	10	11	12	13	14	15	16
17	18	19	20	21	22	23	24
25	26	27	28	29			

1	2	3	4	5	6	7	8
9	10	11	12	13	14	15	16
17	18	19	20	21	22	23	24
25	26	27	28				

1	2	3	4	5	6	7	8
9	10	11	12	13	14	15	16
17	18	19	20	21	22	23	24
25	26	27	28	29	30		

1	2	3	4	5	6	7	8
9	10	11	12	13	14	15	16
17	18	19	20	21	22	23	24
25	26	27	28	29	30	31	

	**January**	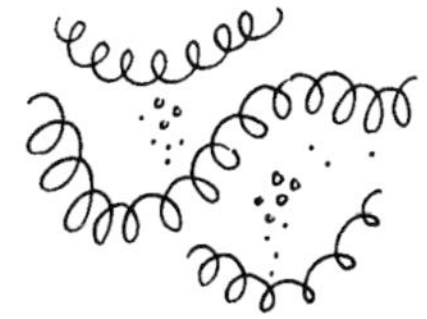	**February**
	**March**		**April**
	**May**		**June**
	**July**		**August**
	**September**		**October**
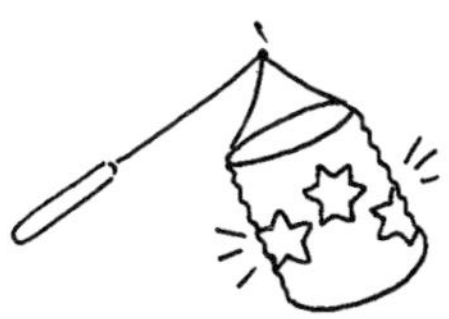	**November**		**December**

Minibuch „My birthday calendar“

My birthday is in

My birthday calendar

name:

January

February

March

April

May

June

July

August

September

October

November

December

Name: ______________________ Date: ________________ Class: _____

The months of the year

Put the months in the right order. Write them down.

1 ________________ 2 ________________ 3 ________________

4 ________________ 5 ________________ 6 ________________

7 ________________ 8 ________________ 9 ________________

10 ________________ 11 ________________ 12 ________________

Jack o' Lantern

Kompetenzen und Stundenziele	Vokabeln und Chunks	Material
Kompetenzen: • S können aufgrund kontextueller Hilfen Vermutungen zum Inhalt, zum Thema oder zur Aussageabsicht anstellen und diese dann für das Verstehen von Texten nutzen. • S können Schlüsselwörter suchen und diese nutzen, um den Gesamtsinn einer Äußerung oder eines Textes zu erfassen. • S können die Hauptaussage verstehen. • S können nach mehrmaligem Hören und Klärung des situativen Kontexts auch Detailinformationen entnehmen. **Stundenziel:** • S können die Hauptaussage einer Geschichte verstehen.	**Vokabeln:** *turnip, coal, devil, sixpence, cross, hell* **Chunks:** *How many … can you find?*	• Textkarten (KV 17) • Storykarten (KV 17) • Bildkarten „Jack o'Lantern" (KV 18) • Arbeitsblatt „Jack o'Lantern quiz" (KV 19) • Arbeitsblatt „How many ... can you find?" (KV 20)

Vorbereitung für die Stunde:

- Rübe, Stück Kohle, Penny, Kreuz, Teufel (Figur/Bild), Decke/Tuch mitbringen
- Storykarten (KV 17) möglichst auf DIN A3 kopieren, evtl. anmalen, entsprechende Textkarten (KV 17) auf die Rückseiten kleben, evtl. laminieren
- gegebenenfalls Bildkarte „Devil" (KV 17) kopieren, evtl. anmalen und laminieren
- Bildkarten „Jack o'Lantern" (KV 18) im Klassensatz kopieren und evtl. laminieren
- Arbeitsblätter „Jack o'Lantern quiz" (KV 19) und „How many ... can you find?" (KV 20) im Klassensatz kopieren

Tipps für die Stunde:

- Prägen Sie sich die Geschichte vor der Stunde gut ein, damit Sie sie stimmungsvoll vortragen können.
- Die Geschichte wird interessanter, wenn Sie an passenden Stellen die Stimme verändern (z.B. Jack und Devil unterschiedlich lesen).
- Verwenden Sie Gestik und Mimik zum besseren Verständnis (bei „heaven" zum Himmel zeigen, bei „soul" die Hand auf die Brust legen, ...).
- Der Text wird hinter die Bilder geklebt, damit die Kinder, während die Geschichte vorgetragen wird, die Bilder betrachten können.
- In der post-listening Phase kann eine Kopie des Textes den Kindern als Hilfe zur Verfügung gestellt werden.

Stundenverlauf:

Zeit	Phase	Lehreraktivität	Schüleraktivität	Sozial-form	Medien
0:00–0:03	Beginn	L führt Anfangsritual durch.			
0:03–0:18	Pre-listening Phase	L bittet die Kinder in den Kreis: *„Please form a circle.“* L legt die mitgebrachten Gegenstände als stillen Impuls auf die Decke in die Kreismitte. L stellt gegebenenfalls Fragen, z. B. *„What can you see?”* L bestätigt die Aussagen der S: *„Yes, that's a turnip/coal/... Let's say the word together: turnip/coal/...”* (Bei „devil" sollte das Wort „hell" mit folgender Frage geklärt werden: *„Where does the devil live?”*) L führt mit den Gegenständen kurze Vokabelspiele durch, z. B.: *„XY, please take the turnip/coal/...”* oder *„XY, please give the turnip/coal to XY2!”* L gibt den S etwas Zeit, sich die Gegenstände noch einmal anzuschauen. L gibt eventuell Hilfestellung: *„What could we use these things for?”*	S kommen in den Kreis. S betrachten die Gegenstände in der Kreismitte. S sagen, was sie sehen. S sprechen die Vokabeln chorisch nach. S äußern ihre Gedanken.	Sitzkreis	Decke ausgehöhlte Rübe Stück Kohle Penny-/Centstück Kreuz Bildkarte „Devil"

0:18–0:30	While-listening Phase	L: *„There was a man. His name was Jack. He needed all those things. Do you want to listen to his story?"* L verteilt Bildkarten, klärt noch einmal das Verständnis der Wörter durch kurzes Abfragen und erklärt die while-listening task. L: *„Listen carefully! When you hear the word from your card in the story, hold up your card!"* L trägt die Geschichte vor. Nach dem zweiten Durchgang wird kurz das Textverständnis geklärt. Beim zweiten Durchgang können die Kärtchen getauscht werden.	S: „Yes!" S nennen die Bilder auf ihren Kärtchen. S hören aufmerksam zu und halten an den passenden Textstellen ihre Kärtchen hoch. S sagen auf Deutsch, was sie verstanden haben.	Sitzkreis	Decke ausgehöhlte Rübe Stück Kohle Penny-/Centstück Kreuz Bildkarte „Devil" Storykarten mit aufgeklebten Textkarten Bildkarten „Jack o'Lantern"
0:30–0:40	Post-listening Phase	L bittet die S zurück an ihre Plätze: *„Please go back to your seats!"* L teilt ABs aus und erklärt den Arbeitsauftrag: *„Read the sentences and tick the right answer. Write the letters in the small boxes. Then you get a solution."* (Die Lösung ist „Halloween".)	S begeben sich an ihre Plätze. S bearbeiten AB.	EA	Arbeitsblatt „Jack o'Lantern quiz"
0:40–0:44 (Puffer)	Hausaufgabe	Wenn alle Kinder fertig sind, wird das Lösungswort vorgetragen. L verteilt AB und erklärt die HA: *„Please count all the turnips/coals/... and write the right numbers down!"*	S berichtigen gegebenenfalls ihre Lösung. S notieren HA.	Frontal	Arbeitsblatt „How many ... can you find?"
0:44–0:45	Abschluss	L führt Abschlussritual durch.			

Ideensammlung für weitere Stunden

Lieder:
- Incy Wincy Spider (CD Track 2, KV 27)

Spiele:
- Theaterstück „Jack o'Lantern" einüben und vorspielen

Bastelarbeiten:
- Minibuch „Jack o'Lantern" basteln
- Wort-Bild-Lexikon „Halloween" gestalten
- Kürbisgeist-Fensterbilder oder -Girlande basteln
- Teufelskopf-Origami falten

Kinderbücher:
- Froggy's halloween (Jonathan London)
- Big pumpkin (Erica Silverman)
- Meg and Mog (Helen Nicoll/Jan Pienkowski)

Interkulturelles Lernen
- über Halloweenbräuche sprechen

Weitere Übungen:
- Lückentext bearbeiten lassen (kann aus Story-Vorlage erstellt werden)

Weiterführende Themen:
- Gruselvokabeln/ Halloweenvokabeln einführen

Textkarten 1 bis 5

1

The Story of Jack o'Lantern

Once upon a time there was a man named Jack. Jack wasn't a good man. He never helped other people and he never worked. Jack was a bad man but he was clever. One day Jack sat in a bar in a village in Ireland. The **devil** came to take Jack's soul. He said: „You must come with me to hell, now!"

2

Jack said: „You can have my soul, but I want a last drink". The **devil** agreed and because Jack had no money, the devil turned himself into a **sixpence** coin to pay the drink. But Jack quickly put the **sixpence** into his pocket.
The **devil** could not change back himself, because Jack had a silver **cross** in his pocket. Jack said to the **devil**: „I'll let you go, but I'll have my soul for ten more years." The **devil** agreed.

3

After ten years the **devil** came back on Halloween eve to take Jack with him. Jack said: „I will come with you, but first I want an apple for my last meal. Could you climb up the tree and pick the apple for me?" The **devil** agreed and climbed up the tree. As soon as the **devil** sat on the tree, Jack cut a **cross** into the tree with his knife. So the **devil** could not climb down. The **devil** screamed: „Jack, let me down!" Jack answered: „I'll remove the **cross** if you will never take my soul."

4

After many years Jack died. He went to heaven, but because he was such a bad man on earth, he was not allowed to enter. So Jack went to hell, but there the **devil** told him: „You cannot stay in hell, because I promised never to take your soul, Jack."

5

The **devil** sent him back home. But the way back to earth was very dark and cold, so he gave Jack a piece of **coal** from the hellfire. Jack put the glowing **coal** in a hollowed **turnip** and went back to his village.

6

There the people were very scared, because they couldn't see Jack's body but only the lightened **turnip**. Because they feared the **turnip**-ghost to come into their house, the people put their own lightened **turnip** next to their windows, to show Jack that he wasn't allowed to come in.
Since then every Halloween his soul walks around in a **turnip**, waiting for judgement day …

Storykarten 1 und 2

Storykarten 3 und 4

Strobel/Sutter: Englisch fachfremd unterrichten – Die Praxis 3./4. Klasse

Storykarten 5 und 6

Bildkarten „Jack o'Lantern“

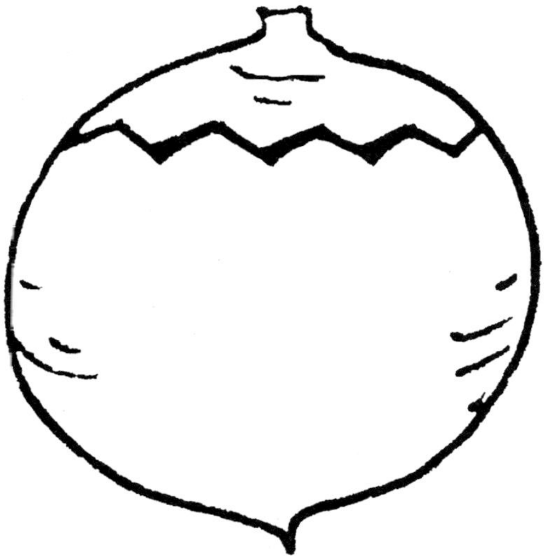

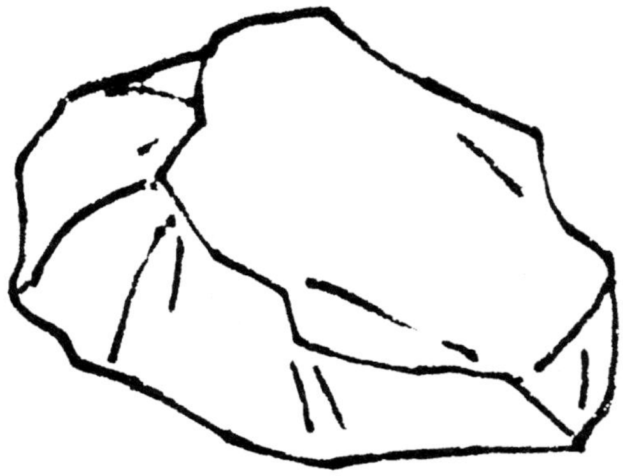

Name: ______________________ Date: ________________ Class: _____

Jack o'Lantern quiz

	Yes	No
Jack was a good man. 	T	H
Jack was clever.	A	U
The devil came to take his soul. 	L	R
The devil turned himself into a sixpence. 	L	S
The devil took Jack to hell.	U	O
Jack climbed up a tree. 	M	W
Jack made a cross into the tree with his knife.	E	C
The devil gave Jack a piece of coal from the hellfire. 	E	N
The people loved Jack's ghost. 	Y	N

Solution:

1	2	3	4	5	6	7	8	9

Name: ____ Date: ____ Class: ____

How many ... can you find?

 turnips: ____  crosses: ____  sixpence coins: ____  pieces of coal: ____

Weather forecast

Kompetenzen und Stundenziele	Vokabeln und Chunks	Material
Kompetenzen: • S können mit Hilfsmitteln eine sehr kurze und einfache Präsentation gestalten. • S verfeinern und reflektieren zunehmend ihre Strategien, um zu verstehen und sich verständlich zu machen, differenzieren sprachliche Strukturen aus, verfeinern sie und wenden sie an. **Stundenziel:** • S können den Wetterbericht auf Englisch ausdrücken.	**Vokabeln:** *temperatures, degrees, sunny, windy, cloudy, rainy, snowy, morning, afternoon, evening, night* **Chunks:** *Today it is …* *Tomorrow it will be …* *… with temperatures between … and … degrees.*	**Zeitungsausschnitt mit Wettervorhersage (bebildert)** • Bildkarten „Weather" (KV 21) • Bildkarte „Thermometer" (KV 22) • Wortkarten „Weather forecast"(KV 23) • Arbeitsblatt „The weather forecast" (KV 24) • Arbeitsblatt „Weather forecast" (KV 25) • Arbeitsblatt „Weather forecast on CD" (KV 26) • weißes Papier • Magnete • CD Player • Weather forecast (CD Track 3)

Vorbereitung für die Stunde:

- weißes Papier, Zeitungsausschnitt mit Wettervorhersage (bebildert), CD-Player und Begleit-CD mitbringen
- Bildkarten „Weather" (KV 21) je 2x kopieren, evtl. anmalen und laminieren
- Wortkarten „Weather forecast" (KV 22) kopieren und evtl. laminieren
- Arbeitsblätter „The weather forecast" (KV 24), „Weather forecast" (KV 25) und „Weather forecast on CD" (KV 26) im Klassensatz kopieren
- Tafelbild vorbereiten: Fernseher mit Fernsehbild auf Tafel malen, Bildkarten „Weather" (KV 20) und Bildkarte „Thermometer" (KV 22) anbringen, Temperaturvorhersage eintragen

Tafel:

Today it is … Tomorrow it will be …	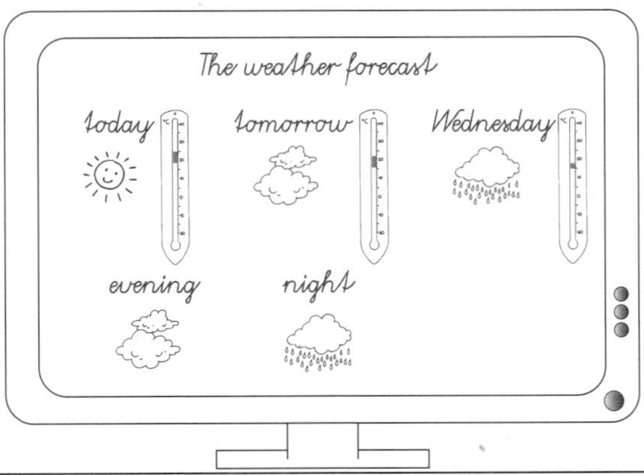	*sunny, windy, cloudy, rainy, snowy*

Tipps für die Stunde:

- Man kann den Fernseher aus einer großen Umzugs- oder Bananenkiste basteln und auf einen Tisch stellen, sodass die Schüler dahinter sitzen können und dadurch „richtig" im Fernsehen sind.
- Es gibt Mikrofone, die das Gesprochene auch wieder abspielen. So können sich die Schüler selbst aufnehmen, hören und kontrollieren.

Stundenverlauf:

Zeit	Phase	Lehreraktivität	Schüleraktivität	Sozialform	Medien
0:00–0:03	Beginn	L führt Anfangsritual durch.			
0:03–0:10	Einführung	L fragt S: „*What's the weather like today?*" L wiederholt Wettervokabeln. L: „*You are right, it is not rainy/windy/... It is sunny and a little bit cloudy.*" L: „*Who knows how the weather will be tomorrow?*" L: „*You are right, it will be …*"	S antworten L. S antworten L. (Falls es niemand weiß oder zur Kontrolle kann L Zeitungsausschnitt zurate ziehen.)	Frontal	geschlossene Tafel Bildkarten mit Wettersymbolen Zeitungsausschnitt Wetter
0:10–0:15	Erarbeitung 1	L hängt „Today it is"-Karte und entsprechende Wetterkarte(n) an die geschlossene Tafel (zusätzlich kann L Wort danebenschreiben). L hängt „Tomorrow it will be" -Karte und entsprechende Bildkarte(n) an die Tafel (zusätzlich kann L Wort danebenschreiben). L spricht beide Sätze vor und lässt sie die S wiederholen. L tauscht Wetterkarten aus. L: „*Who can do the weather forecast now?*" L wiederholt diese Übung einige Male.	S sprechen chorisch nach. S bilden Sätze.	Frontal	geschlossene Tafel Wortkarten Bildkarten Magnete
0:15–0:25	Festigung 1	L öffnet Tafel. L: „*Today we want to do our own weather forecast.*" L hängt die WK mit „Today it is …" und „Tomorrow it will be …" an die aufgeklappte Seitentafel. L: „*What do you think? What does the weatherman on TV have to say here?*" L zeigt auf Tafel mit vorbereitetem Tafelbild. L hilft und schreibt richtige Formulierungen an die Seitentafel.	S versuchen gemeinsam, den Wetterbericht zu formulieren.	Klassengespräch	offene Tafel Wortkarten Bildkarten Magnete

		L bespricht mit S auf Deutsch, warum einmal „evening" und einmal „night" dabeisteht (immer wenn sich das Wetter ändert, wird es erwähnt, bleibt es z. B. sonnig, wird keine weitere Tageszeit erwähnt).			
0:25–0:35	Erarbeitung 2	L: „*Now you can try to write your own weather forecast. You decide how the weather will be. Work together with your neighbour.*" L verteilt Arbeitsblätter und weißes Papier.	S erarbeiten einen Wetterbericht in Partnerarbeit und üben ihn gemeinsam.	Partnerarbeit	AB weißes Papier
0:35–0:42	Festigung 2	L: „*Who want to show us their weather forecast?*" L fungiert als Moderator und leitet Wetterbericht ein: „*And now we will switch to the weather forecast – Today presented by ...*"	S präsentieren ihre vorbereiteten Wetterberichte. Die anderen S hören aufmerksam zu.	Frontal	geöffnete Tafel Bildkarten mit Wettersymbolen
Puffer	Festigung 3	L kündigt Höraufgabe an: „*Now, we are going to listen to a real English weather forecast. Listen carefully!*" L spielt Wetterbericht ab. L bespricht mit den S, was sie verstanden haben. L: „*What did they say? How will the weather be tomorrow?*" L verbildlicht die S-Antworten mit den Bildkarten an der Tafel. L lässt zur Kontrolle CD noch einmal laufen.	S hören aufmerksam zu. S berichten, was sie verstanden haben.	Frontal	CD Player Beilagen CD Tafel Bildkarten mit Wettersymbolen
0:42–0:44	Hausaufgabe	L erklärt Hausaufgabe und verteilt Arbeitsblätter.	S schreiben Hausaufgabe auf.	Frontal	AB
0:44–0:45	Abschluss	L führt Abschlussritual durch.			

Ideensammlung für weitere Stunden

Kinderbücher:

- Cloudy with a chance of meatballs (Judy Barrett)
- Elmer's weather (Jonathan London)
- Winnie in winter (Valerie Thomas)

Lieder:

- How's the weather? (CD Track 4, KV 27)
- Incy Wincy Spider (CD Track 2, KV 28)

Weitere Übungen:

- Wetterberichte der Schüler aufnehmen oder filmen
- Wetterberichte englischsprachiger Nachrichtensender anhören und von Schülern berichten lassen, was sie verstanden haben (wichtig dabei ist, dass die Schüler wissen, dass sie nicht alles verstehen müssen)

Bildkarten „Weather“

Bildkarte „Thermometer“

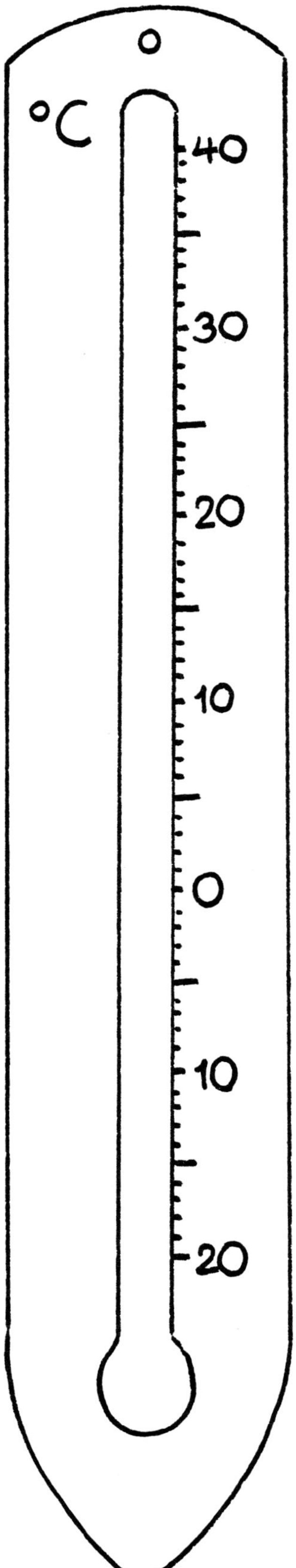

Wortkarten „Weather forecast"

morning	afternoon
evening	night
Today it is …	Tomorrow it will be …

Name: ____________________ Date: ________________ Class: ______

The weather forecast

Draw the weather symbols into the boxes.

Write the weather forecast. What does the weatherman say?

Practise the weather forecast with your partner.

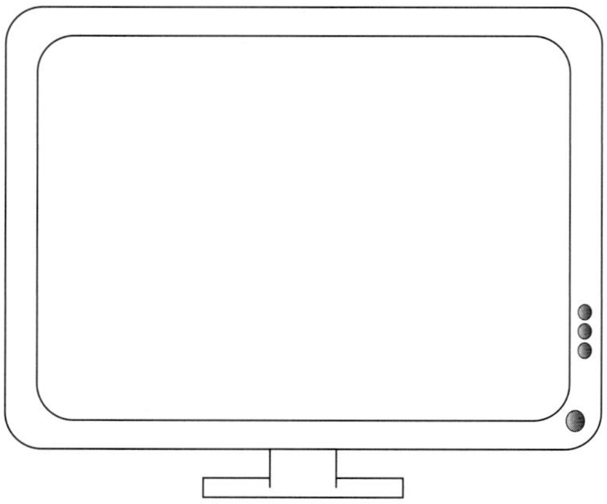

____

____

____

____

____

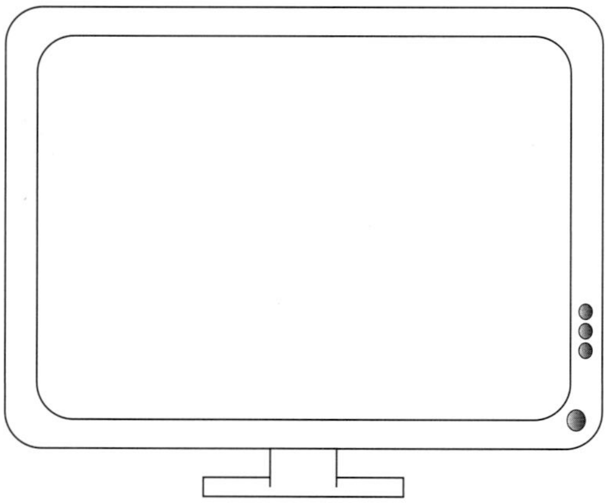

____

____

____

____

____

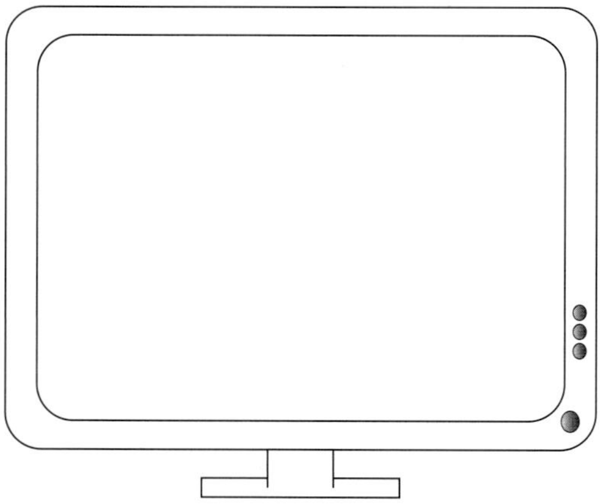

____

____

____

____

____

Today it is ... – Tomorrow it will be ... – On ... it will be ... – sunny – windy – cloudy – rainy – snowy – morning – afternoon – evening – night – ... with temperatures between … and … degrees

Name: ______________________ Date: ________________ Class: ______

Weather forecast

Write a weather forecast.

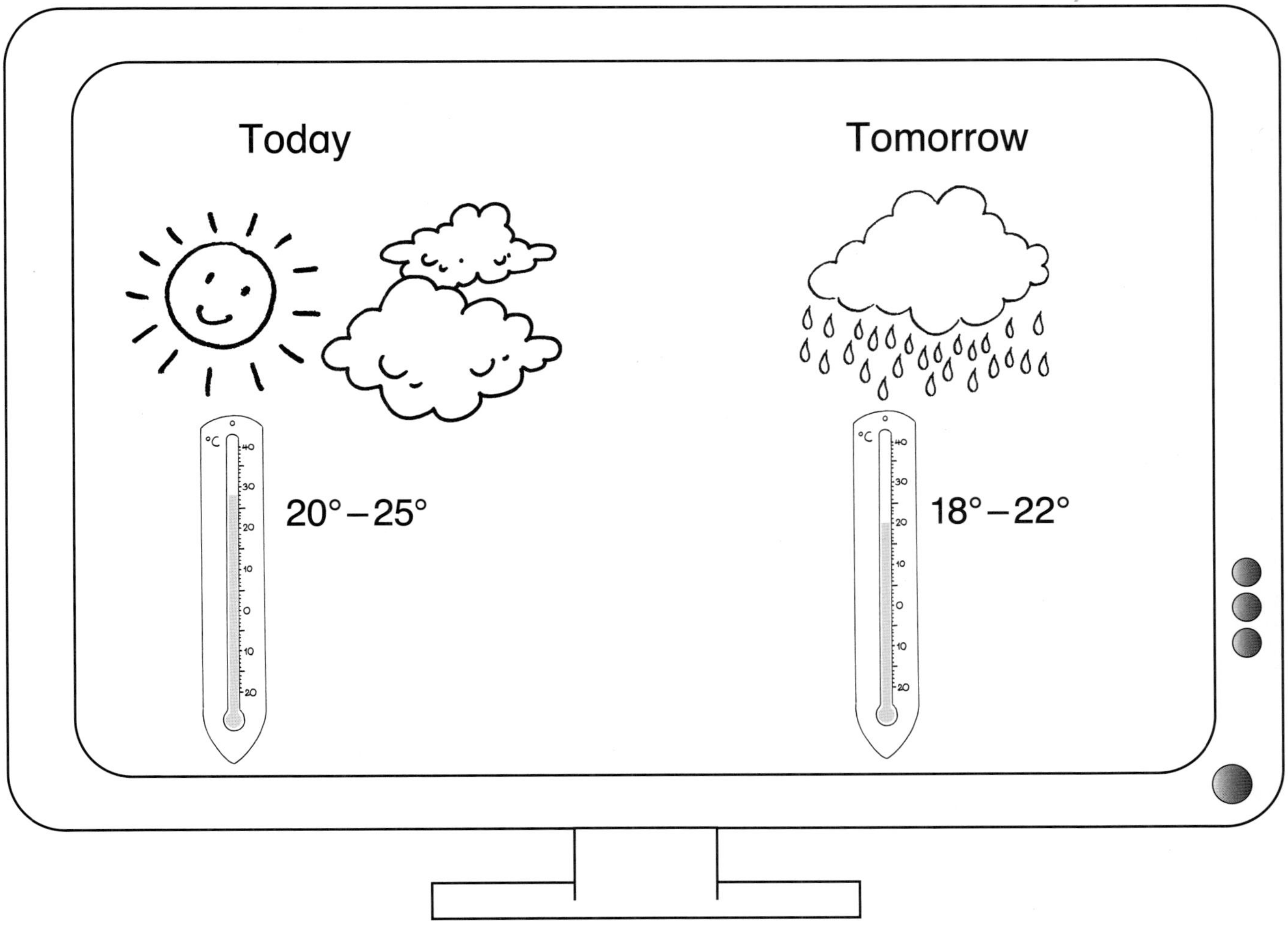

____

____

____

____

____

____

____

____

Name: ______________________ Date: ________________ Class: _____

Weather forecast on CD

Staying warm and cloudy this evening with temperatures around 19 degrees. Rain is expected overnight. Tomorrow morning it will be rainy and cold, about 15 degrees, but the rain will stop during the afternoon. The rest of the day will be cloudy with temperatures between 19 and 22 degrees. In the night temperatures will degrease to 12 degrees.
On Saturday it will be sunny and the temperatures will rise to 24 degrees during the day.

Name: ______________________ Date: ________________ Class: _____

Weather forecast on CD

Staying warm and cloudy this evening with temperatures around 19 degrees. Rain is expected overnight. Tomorrow morning it will be rainy and cold, about 15 degrees, but the rain will stop during the afternoon. The rest of the day will be cloudy with temperatures between 19 and 22 degrees. In the night temperatures will degrease to 12 degrees.
On Saturday it will be sunny and the temperatures will rise to 24 degrees during the day.

Name: ______________________ Date: ________________ Class: _____

Weather forecast on CD

Staying warm and cloudy this evening with temperatures around 19 degrees. Rain is expected overnight. Tomorrow morning it will be rainy and cold, about 15 degrees, but the rain will stop during the afternoon. The rest of the day will be cloudy with temperatures between 19 and 22 degrees. In the night temperatures will degrease to 12 degrees.
On Saturday it will be sunny and the temperatures will rise to 24 degrees during the day.

Name: ______________________ Date: ________________ Class: _____

Weather forecast on CD

Staying warm and cloudy this evening with temperatures around 19 degrees. Rain is expected overnight. Tomorrow morning it will be rainy and cold, about 15 degrees, but the rain will stop during the afternoon. The rest of the day will be cloudy with temperatures between 19 and 22 degrees. In the night temperatures will degrease to 12 degrees.
On Saturday it will be sunny and the temperatures will rise to 24 degrees during the day.

How's the weather?

Lied: traditionell, Text: adaptiert

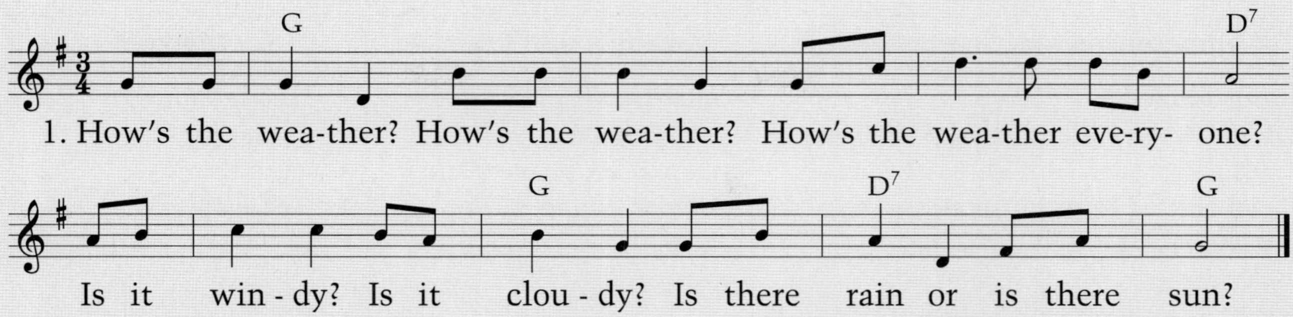

2. How's the weather?
How's the weather?
How's the weather everyone?
Is it windy?
Is it cloudy?
Is there rain
or is there sun?

3. Look outside!
Look outside!
Look outside everyone.
Is it windy?
Is it cloudy?
Is there rain
or is there sun?

Incy Wincy Spider

Lied und Text: traditionell

Während des Singens des Liedes können die gleichen Bewegungen gemacht werden wie beim gleichnamigen Fingerreim im Unterkapitel „Fingerreime und Bewegungsspiele" beschrieben.

A visit to the zoo

Kompetenzen und Stundenziele	Vokabeln und Chunks	Material
Kompetenzen: • S können aus der direkten Beobachtung von oder Teilnahme an Interaktionen und Kommunikationsereignissen gezielt und aspektbezogen lernen. • S können bekannte Fragen und Anweisungen verstehen und (...) entsprechend reagieren. • S können aufgrund kontextueller Hilfen Vermutungen zum Inhalt, zum Thema oder zur Aussageabsicht anstellen (...). **Stundenziel:** • S können die Namen einiger wilder Tiere auf Englisch benennen.	**Vokabeln:** *lion, elephant, zebra, snake, parrot, crocodile, monkey, hippo, turtle, giraffe, tiger, rhino, kangaroo, bear*	• Handpuppe • Fotoapparat • Tüte Erdnüsse • Gehegeplan • Bildkarte „Entrance Ticket" (KV 30) • Bildkarten „Wild animals" (KV 29) • Wortkarten „Wild animals" (KV 31) • Bildkarten „Missglückte Tierfotos" (KV 32) • Arbeitsblatt „Wild animals" (KV 33)

Vorbereitung für die Stunde:

- Fotoapparat, Gehegeplan (gibt es auf einigen Zoo-Homepages) und Erdnusstüte mitbringen
- Bildkarte „Entrance Ticket" (KV 30) kopieren, evtl. anmalen und laminieren
- Bildkarten „Wild animals" (KV 29) kopieren, evtl. anmalen und laminieren
- Bildkarten „Missglückte Tierfotos" (KV 32) kopieren, evtl. anmalen und laminieren
- Wortkarten „Wild animals" (KV 31) kopieren und evtl. laminieren
- Arbeitsblatt „Wild animals" (KV 33) im Klassensatz kopieren
- Bildkarten „Wild animals" (KV 29) vor dem Unterricht außerhalb des Klassenzimmers aufhängen (in einem anderen, leeren Klassenzimmer, auf dem Gang oder im Eingangsbereich); unter jede Bildkarte die entsprechende Wortkarte (KV 31) hängen

Tafel:

Stundenverlauf:

Zeit	Phase	Lehreraktivität	Schüleraktivität	Sozialform	Medien
0:00–0:03	Beginn	L führt Anfangsritual durch.			
0:03–0:15	Einführung	HP begüßt S und bittet sie in den Sitzkreis: *„Good morning, boys and girls! Please form a circle!"* HP stellt den Kindern ein Rätsel, wo sie gestern war: *„Guess where I was yesterday!"* HP legt zuerst die Eintrittskarte in den Kreis, dann eine Tüte Erdnüsse, den Gehegeplan, ..., bis die S das Ausflugsziel erraten. HP: *„Yes, I was at the zoo yesterday."* HP zeigt ihren Fotoapparat: *„There were a lot of wild animals and I took a lot of pictures with my camera."* HP „schießt" ein paar Fotos zur visuellen Unterstützung. HP: *„Do you want to see the pictures?"* HP legt die Fotos in die Kreismitte und bemerkt das Missgeschick: *„Oh, no! What happened?"* HP: *„Now I don't know which animals I saw at the zoo! What can I do now?"* HP: *„Children, I have an idea!/Yes, that's a good idea! Let's go back to the zoo and find the animals!"*	S begrüßen HP und begeben sich in den Sitzkreis. S stellen Vermutungen zum Ausflugsziel an. S: *„Yes!"* S betrachten die Fotos und erkennen, dass auf jedem Bild nur ein Teil des jeweiligen Tieres zu sehen ist. S überlegen, was HP tun könnte, um die richtigen Tiere herauszufinden. Eventuell kommt ein S schon auf die Idee, in den Zoo zurückzugehen.	Sitzkreis	Handpuppe Fotoapparat, Entrance Ticket, Gehegeplan, Tüte mit Erdnüssen, Fotoausschnitte
0:15–0:20	Erarbeitung 1	L teilt die S in Gruppen ein. HP: *„Children, go together in groups of two/three/... and take one picture. Go to the zoo and find the animal which is on your picture. Take it with you and bring it back to me! Don`t forget to take the word card with you! You have got five minutes!"* (visuell unterstützen durch pantomimisches Fotografieren) Evtl. den Arbeitsauftrag auf Deutsch wiederholen/ von einem S erläutern lassen.	S gehen in Gruppen zusammen, nehmen einen Fotoausschnitt und gehen in den „Zoo". Dort suchen sie die BK, die das entsprechende Tier zeigt, das zu ihrem Fotoausschnitt passt, und bringen es zusammen mit der WK zurück ins Klassenzimmer.	GA	Bildkarten Wortkarten Fotoausschnitte

0:20–0:35	Erarbeitung 2	HP fragt eine Gruppe: *„Which animal did you find?“* HP: *„Oh, you found a lion/...!”* HP nimmt BK und befestigt sie an der Tafel. HP: *„Let's see if you're right. Give me your picture, please!”* HP befestigt Fotoausschnitt neben der BK. HP: *„This is a lion/...! Let's say it together: lion/...!”* HP: *„Put your word card below the picture!”* HP verfährt mit den weiteren BK auf dieselbe Weise und führt verschiedene Chorsprechübungen durch. HP verabschiedet sich von S.	S geben HP die BK, die sie ihrem Fotoausschnitt zugeordnet haben. S benennen das Tier auf Deutsch. S geben HP ihren Fotoausschnitt. S sprechen chorisch nach. S hängen WK unter die BK. S verabschieden sich von HP.	GA frontal	Tafel Bildkarten Wortkarten Fotoausschnitte
0:35–0:42	Festigung	L klappt die Tafel zu. L verteilt AB und erklärt den Arbeitsauftrag: *„Please connect the words with the matchingg animals! Write the names below the animals!”* Zur Kontrolle wird am Schluss der Stunde die Tafel wieder aufgeklappt.	S bearbeiten AB.	EA	Arbeitsblatt
0:42–0:44	Hausaufgabe	L erklärt HA: *„Choose your favourite animal. Find information about the animal in magazines or on the internet. Bring your material with you to the next English lesson!“*		Frontal	
0:44–0:45	Abschluss	L führt Abschlussritual durch.			

Ideensammlung für weitere Stunden

Reime, Klatschspiele und Abzählverse:

- Five little monkeys („Die Basis")

Spiele:

- „One, two, three, please come to me" als „zoo animals"-Variante, z. B. *„One, two, three, please come to me as a monkey!"* („Die Basis")
- „Fruit salad“ als „zoo animals"-Variante, z. B. *„Elephants!"* („Die Basis“)

Bastelarbeiten:

- Minibuch „Wild animals“ basteln („Die Basis“)

Kinderbücher:

- We're going on a bear hunt (Michael Rosen)
- Dear zoo (Rod Campbell)

Weitere Übungen:

- Schüler bekommen den Arbeitsauftrag „Write about your favourite animal“.
- Zootiere nach Lehreranweisung in einen leeren Gehegeplan setzen

Bildkarten „Wild animals"

Bildkarten „Wild animals“ und „Entrance Ticket“, Wortkarten „Wild animals“

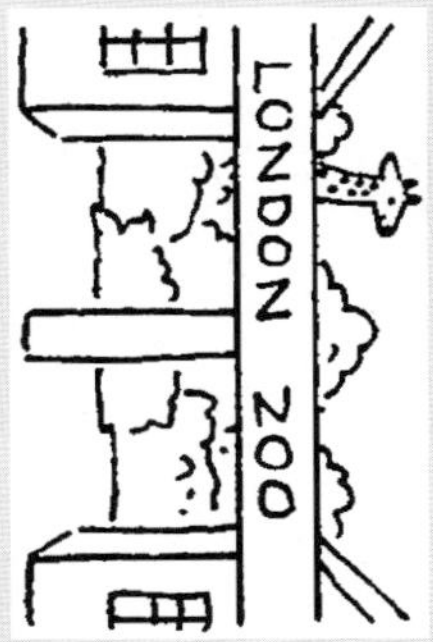

LONDON ZOO
Entrance Ticket
Child £5.00

lion	elephant	
zebra	snake	parrot
crocodile	monkey	hippo
turtle	giraffe	tiger
rhino	kangaroo	bear

Bildkarten „Missglückte Tierfotos“

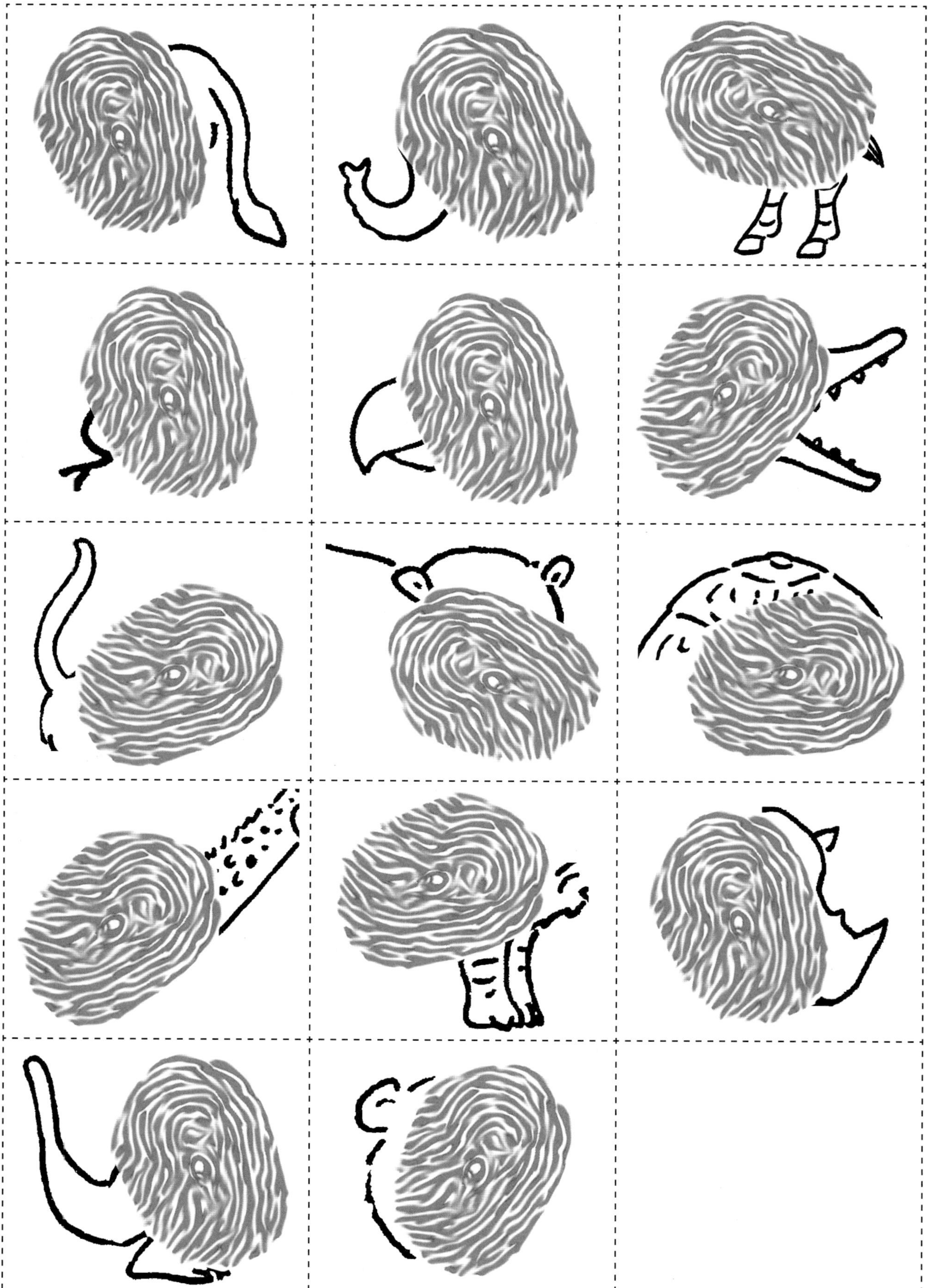

Name: ______________________ Date: ________________ Class: _____

Wild animals

kangaroo

lion – elephant – zebra – snake – parrot – crocodile – monkey – hippo – turtle – giraffe – tiger – rhino – ~~kangaroo~~ – bear

Winter clothes

Kompetenzen und Stundenziele	Vokabeln und Chunks	Material
Kompetenzen: • S können aufgrund visueller Hilfen Vermutungen zum Inhalt, zum Thema oder zur Aussageabsicht anstellen und diese dann für das Verstehen von Erzählungen nutzen. **Stundenziel:** • S können die Winterkleidungsstücke auf Englisch benennen.	**Vokabeln:** *gloves, woolly hat, winter coat, scarf, winter boots, pullover, trousers*	• Storykarten (KV 34) • Spielanleitung „What's missing?" (KV 35) • Bildkarten „Winter clothes" (KV 36) • Wortkarten „Winter clothes" (KV 37) • Anziehpuppe (KV 38) • Arbeitsblatt „Paul's winter clothes" (KV 39) • Arbeitsblatt „Colour dictation" (KV 40) • große Umschläge

Vorbereitung für die Stunde:

- Storykarten (KV 34) kopieren, evtl. anmalen und laminieren
- Spielanleitung „What's missing?" (KV 35) einprägen
- Bildkarten „Winter clothes" (KV 36) kopieren, evtl. anmalen und laminieren, ausschneiden
- Kleidungsstücke von Anziehpuppe (KV 38) kopieren, anmalen, evtl. laminieren, ausschneiden, in Umschläge stecken und evtl. im Klassenzimmer verstecken
- Anziehpuppe in passender Größe zu den Kleidungsstücken an die Tafel malen und Tafel zuklappen
- Wortkarten „Winter clothes" (KV 37) für Sprechblase kopieren, ausschneiden, evtl. anmalen und laminieren
- Arbeitsblätter „Paul's winter clothes" (KV 39) und „Colour dictation" (KV 40) im Klassensatz kopieren

Tafel:

gloves

woolly hat

winter coat

scarf

winter boots

pullover

trousers

Tipps für die Stunde:

- Um die Geschichte von Paul flüssig und mit viel Mimik und unterstützenden Gesten erzählen zu können, ist es ratsam, sie vorher zu üben.

Stundenverlauf:

Zeit	Phase	Lehreraktivität	Schüleraktivität	Sozialform	Medien
0:00–0:05	Beginn	L führt Anfangsritual durch.			
0:05–0:15	Erarbeitung	L bittet S in den Halbkreis. *„Please form a semi-circle.“* L zeigt SK 1: *„This is Paul* (Name ändern, wenn es einen Paul in der Klasse gibt). *Paul is sleeping* (Geste für „schlafen“ machen). *Then Paul wakes up* (gähnen, sich strecken) *…“* L zeigt SK 2: *„… and looks outside. Snow! Hurray! I like snow so much!“* L zeigt SK 3: *„But where is my pullover* (L hält BK „pullover“ in die Sprechblase) *and where is my …?“* (L führt so alle Kleidungsstücke ein.) L zeigt SK 4: *„I can't find my clothes. I can't go outside. Paul is very sad. Can you help him?“* L: *„What is Paul's problem?“*	S kommen in den Halbkreis. S hören Geschichte zu. S äußern sich zur Geschichte. S fassen Geschichte zusammen.	Halbkreis	Storykarten 1–4 Bildkarten
0:15–0:20	Festigung 1	L und S überlegen gemeinsam, wie sie Paul helfen können. L: *„That's right, we need to find Paul's clothes. We need to find his …“* (L hält nacheinander alle BKs hoch und wartet ab, ob S das richtige Wort sagen, ansonsten spricht er es vor und die S wiederholen es.) L: *„Find his clothes. They are in the classroom in big envelopes“*. (L hält Umschlag hoch.)	S kommen darauf, dass man die Kleidung suchen muss (ansonsten Hilfestellung vom L). S benennen die Kleidungsstücke und sprechen die neuen Vokabeln chorisch nach. S suchen Umschläge.		Bildkarten Umschläge mit Kleidungsstücken (schon versteckt)

0:20–0:30	Festigung 2	L: „*When you find an envelope, come back to the semi-circle and sit down.*" L öffnet Tafel. L: „*What did you find?*" L wiederholt Vokabel: „*Great, you found his pullover. Put it on Paul.*" (L zeigt an die Tafel) L verfährt mit allen Kleidungsstücken nach dem gleichen Muster. L zeigt SK 5: „*Now Paul is happy and says: Thank you so much!*"	S suchen Umschläge und bringen sie mit in den Halbkreis. S antworten, z.B.: „*(I found his)* pullover/..." (falls dem S die Vokabel entfallen ist, helfen die anderen), heften die Kleidungsstücke an die Tafel und ziehen Paul damit an.		Tafel mit Tafelfigur Kleidungsstücke Storykarte 5
0:30–0:40	Festigung 3	L befestigt WKs an einer Seitenwand der Tafel. L: „*Please match the words with the right clothes.*" L: „*Please go back to your seats.*" L teilt AB aus und erklärt Arbeitsauftrag.	S ordnen WK den passenden Kleidungsstücken zu. S gehen zurück an ihre Plätze und schreiben die Vokabeln ab.	Frontal	Tafel mit Tafelfigur und Kleidungsstücken Wortkarten Arbeitsblatt
Puffer	Festigung 4	L: „*Let's play ‚What's missing?'. Who wants to start?*"		Frontal oder im Halbkreis	Tafel mit Tafelfigur Spielanleitung
0:40–0:44	Hausaufgabe	L verteilt AB und erklärt die Hausaufgabe.			Arbeitsblatt
0:44–0:45	Abschluss	L führt Abschlussritual durch.			

1 Falls die Zeit knapp ist, können die S dieses AB als Hausaufgabe bearbeiten.

Ideensammlung für weitere Stunden

Spiele:

- Feel it! („Die Basis“)
- „Jump up, if you're wearing a red pullover/...!"

Lieder:

- If you're wearing red today (CD Track 5, KV 41)

Kinderbücher:

- Froggy gets dressed (Jonathan London)

Weitere Übungen:

- Jeder Schüler bringt ein Winterkleidungsstück mit. Alle Kleidungsstücke werden in die Kreismitte gelegt und jeder beschreibt, was er mitgebracht hat. Die anderen erraten das beschriebene Kleidungsstück.

Storykarten 1 bis 4

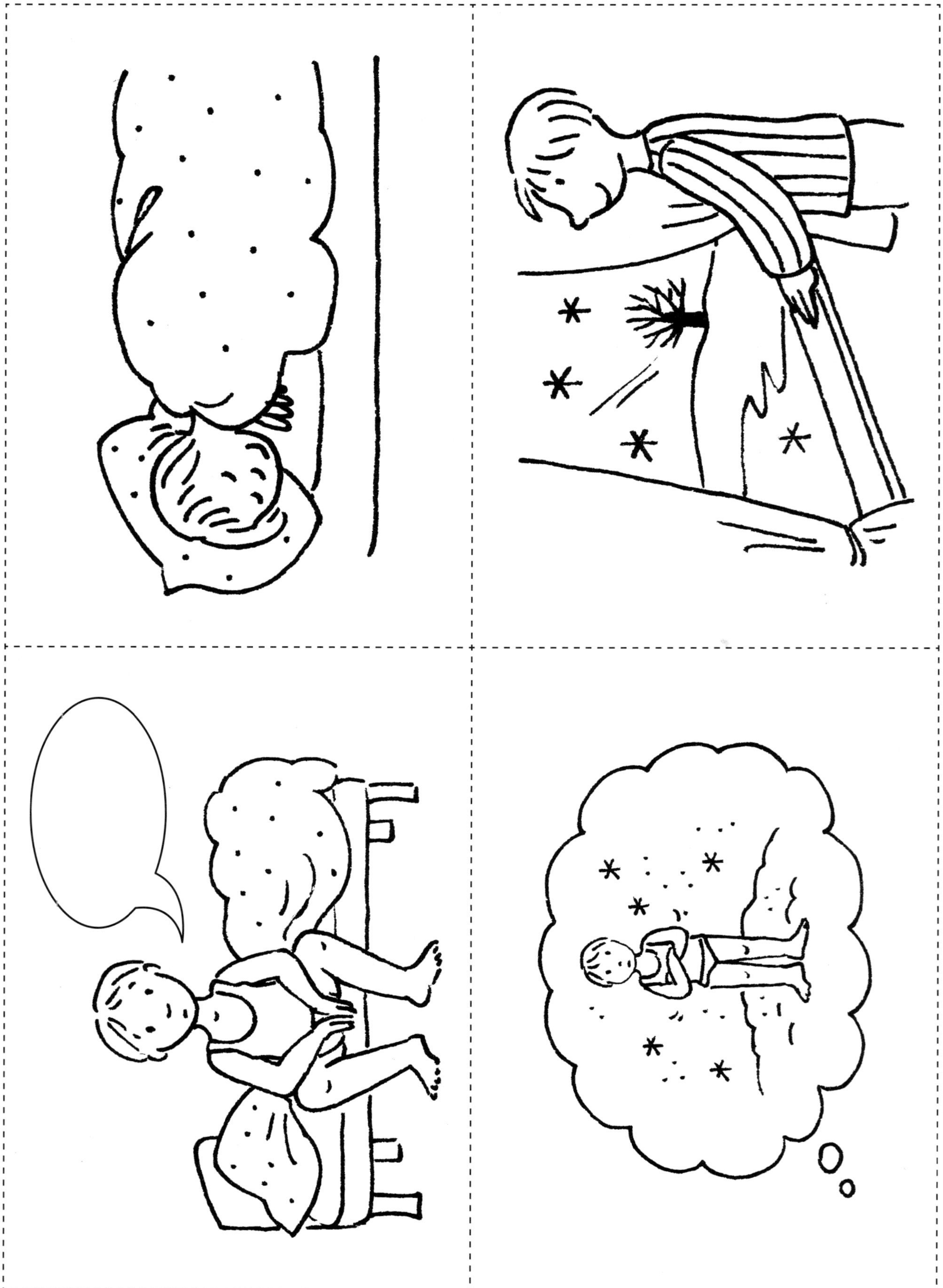

Storykarte 5

Spielanleitung „What's missing?"

Verteilen Sie die Gegenstände des Themenfeldes „clothes" in der Kreismitte. Wiederholen Sie mit den Kindern die Vokabeln, indem Sie alle Gegenstände benennen. Nun schließt ein Kind die Augen oder geht aus dem Zimmer. Die anderen nehmen einen Gegenstand weg. Nun muss das Kind raten, was fehlt.

Das Spiel kann auch mit Bildkarten gespielt werden, die an der Tafel hängen. Statt ein Kind die Augen schließen oder aus dem Zimmer gehen zu lassen, kann bei dieser Variante zum Wegnehmen einer Karte die Tafel kurz umgeklappt werden.

Wortkarten und Bildkarten „Winter clothes“

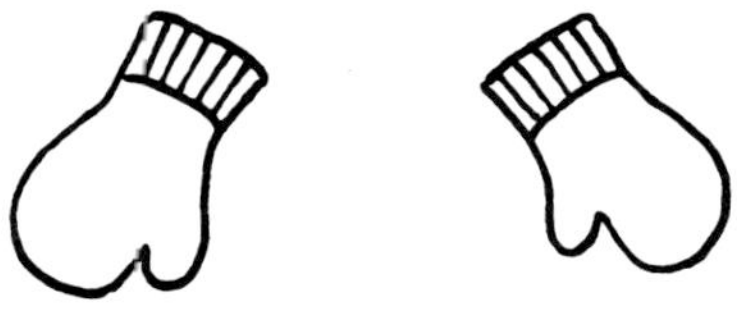

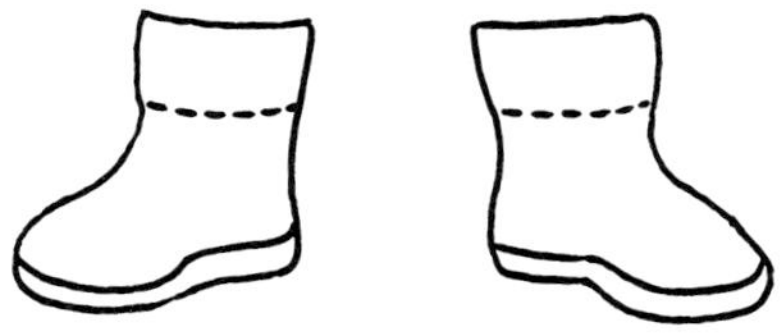

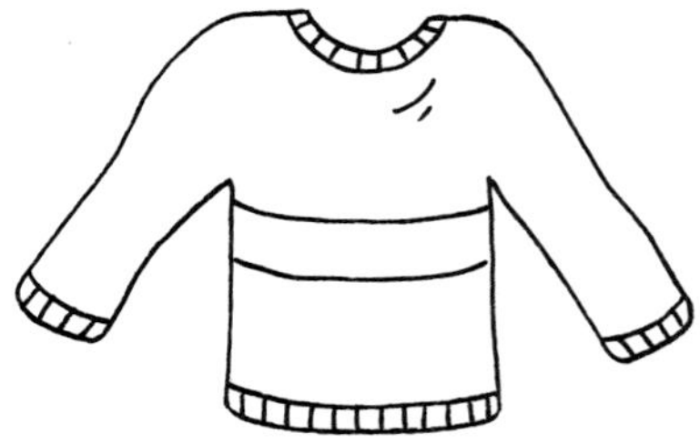

gloves

woolly hat

winter coat

scarf

winter boots

pullover

trousers

Anziehpuppe

Name: ____________________ Date: ________________ Class: _____

Paul's winter clothes

What does Paul wear? Write it down.

pullover – scarf – winter boots – trousers – woolly hat – winter coat – gloves

Name: ____________________ Date: ________________ Class: ______

Colour dictation

Colour the picture like this:

- Paul's winter boots are blue.
- He wears green trousers.
- His gloves are purple.
- Paul's scarf is orange and red.
- His winter coat is blue.
- He wears a green woolly hat.
- His pullover is yellow.

„If you're wearing red today"

Lied: traditionell, Text: adaptiert

2. green
3. blue
4. yellow
5. black
6. white
7. pink
8. brown
9. purple
10. If you're all colourful today,
    colourful today, colourful today,
    if you're all colourful today:
    Jump up and say: Hooray!

Let's make sandwiches!

Kompetenzen und Stundenziele	Vokabeln und Chunks	Material
Kompetenzen: • S kennen einfache Satzformeln zu konventionalisierten Interaktionssituationen (...). • S können einfachste Feststellungen mithilfe von Einwort- und Zweiwortsätzen und mit gespeicherten Wendungen treffen. **Stundenziel:** • S können die Zutaten eines Sandwiches auf Englisch benennen und ihr bevorzugtes Sandwich beschrieben.	**Vokabeln:** *sandwich, tomato, cucumber, cheese, ham, egg, bread, salad, salt and pepper* *(scissors, glue stick, coloured pencil, pen)* **Chunks:** *What is on your favourite sandwich? On my favourite sandwich is ...* *Can you pass me the ...?* *What do you like on your sandwich? On my sandwich I like ...*	• Fühlsack • Frühstücksbox mit Sandwich • Bildkarten „Sandwich" (KV 42) • Magnete • Arbeitsblatt „How to make a sandwich" (KV 43) **Für Variante 1a:** • fertig geschnittene Sandwichzutaten: Tomaten, Gurke, Käse, Schinken, hartgekochte Eier, Toastbrot, Salatblätter, Salz und Pfeffer; Geschirr, Butterbrotpapier **Für Variante 1b:** • My perfect sandwich book (KV 44) • Bastelanleitung „My perfect sandwich book" (KV 45)

Vorbereitung für die Stunde:

- Fühlsack und Frühstücksbox mit Sandwich mitbringen
- Bildkarten „Sandwich" (KV 42) kopieren (Bildkarte „Bread" 2x), ausschneiden, evtl. anmalen und laminieren
- Arbeitsblatt „How to make a sandwich" (KV 43) im Klassensatz kopieren
- bei Variante 1a geschnittene Zutaten für Sandwiches, Geschirr und evtl. Butterbrotpapier zum Verpacken der Sandwichreste mitbringen
- bei Variante 1b My perfect sandwich book (KV 44) im Klassensatz und Bastelanleitung „My perfect sandwich book" (KV 45) im Klassensatz oder auf Folie kopieren

Tafel:

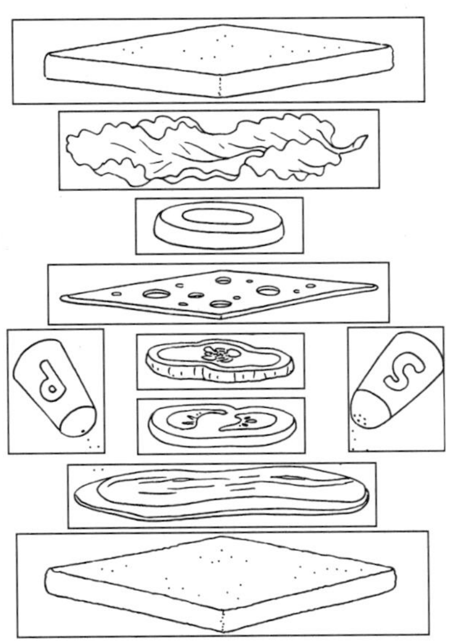

Stundenverlauf:

Zeit	Phase	Lehreraktivität	Schüleraktivität	Sozialform	Medien
0:00–0:03	Beginn	L führt Anfangsritual durch.			
0:03–0:10	Einführung	L bittet S in den Sitzkreis: *„Please form a circle."* L gibt Fühlsack durch. L lässt letzten S die Box herausholen. L: *„You were right, it's a lunchbox. What is in the lunchbox, what do you think?"* L macht Box auf und holt das Sandwich heraus: *„You are right, it's a sandwich with …* (aufzählen, womit das Sandwich belegt ist)" L: *„What is in your lunchbox?"* L bittet S an ihre Plätze zurück.	S kommen in den Kreis. S raten, was im Fühlsack ist. S raten, was in der Box ist. S erzählen, was sie als Frühstück dabei haben. L hilft mit Vokabeln. S begeben sich zurück an ihre Plätze.	Klassengespräch, Kreis	Fühlsack Frühstücksbox mit Sandwich
0:10–0:20	Erarbeitung	L: *„Our topic today is ‚the sandwich'. What do we need to make a sandwich?"* L wiederholt S-Antworten und macht die entsprechende BK an die Tafel. L: *„That's right, first we need a slice of bread."* L wiederholt Zutaten einzeln und lässt sie nachsprechen. L: *„Between our two slices of bread* (L zeigt auf BK an der Tafel) *we put salad/… Repeat after me: salad/…!"* L verfährt mit den anderen Wörtern nach dem gleichen Muster. L befestigt die Zutaten an der Seitentafel und lässt nur die beiden Brotscheiben an der mittleren Tafel. L: *„On my favourite sandwich, I would like …* (eigene Lieblingszutaten)." L füllt seine Lieblingszutaten zwischen die beiden Brotscheiben. L: *„What is on your favourite sandwich?"*	S antworten auf Deutsch oder Englisch. S sprechen chorisch nach. Einzelne S kommen an die Tafel, „bauen" und benennen ihr Lieblingssandwich.	Frontal	Bildkarten

0:20–0:42	Festigung 1a	L fordert S auf, aus den Tischen einen großen Gruppentisch zu machen. L teilt S ein, den Tisch zu decken und alle Zutaten auf den Tisch zu stellen. L bittet alle S zu Tisch. Alle Zutaten werden durchgereicht. L startet immer und kündigt Zutat an: *„Here we have got the bread. Please take two slices of bread. Take two and pass it round, please."* bzw. bei den anderen Zutaten: *„Here we have got the …* (warten, ob S Vokabel sagen), *right, the tomatoes/… Take one, if you like, and pass it round."* S und L belegen ihre Sandwiches.	S helfen beim Aufbau. S machen sich Sandwiches. Während des Essens können die S sich gegenseitig befragen, womit sie ihr Sandwich belegt haben: *„What is on your sandwich?"* *„On my sandwich is ham, cheese, …"* Außerdem können sie um bestimmte Zutaten bitten: *„Can you pass me the …?"* S helfen beim Aufräumen, Putzen, Spülen und dabei, Tische wieder richtig hinzuschieben.	Frontal	Sandwichzutaten Geschirr Butterbrotpapier
Alternative 0:20–0:42	Festigung 1b	L: *„Now you can make your own perfect sandwich. Let's make a sandwich book. Here you can see my perfect sandwich* (L zeigt fertiges sandwich book)." L: *„You need scissors, a glue stick, coloured pencils and a pen. You can work in small groups."* L teilt Anleitung[1] und KV aus.	S holen Arbeitsutensilien heraus.	Partnerarbeit/Gruppenarbeit	My perfect sandwich book Bastelanleitung

1 Je nach Selbstständigkeit der Klasse kann die Anleitung auf Folie gezogen und besprochen oder Schritt für Schritt gemeinsam gebastelt werden.

		L hilft den Gruppen, wenn sie etwas nicht verstehen. Am Ende können die S ihre sandwich books einander vorstellen.	S arbeiten gemeinsam an ihrem sandwich book. S präsentieren ihre sandwich books.		
Puffer	Festigung 2	L: *„Please form a circle."* L: *„Let's play ‚Fruit salad!'"* L erklärt, falls noch nicht bekannt, die Spielregeln und teilt den S Sandwichzutaten zu.	S kommen in den Kreis. S spielen „Fruit salad" als „Sandwich"-Variante.		
0:42–0:44	Hausaufgabe	L erklärt Hausaufgabe „How to make a sandwich"	S schreiben sich Hausaufgabe auf.		Arbeitsblatt
0:44–0:45	Abschluss	L führt Abschlussritual durch.			

Ideensammlung für weitere Stunden

Spiele:

- „Fruit salad“ als „sandwich“-Variante, z. B. *„Tomatoes!"* („Die Basis“)
- What's missing? („Die Basis)

Kinderbücher:

- Ketchup on your cornflakes (Nick Sharrat)

Weitere Übungen:

- Rollenspiel im sandwich shop: *„What would you like to eat/drink?"*

Weiterführende Themen:

- Geschichte von der Erfindung des Sandwiches erzählen (Lord Sandwich)

Bildkarten „Sandwich“

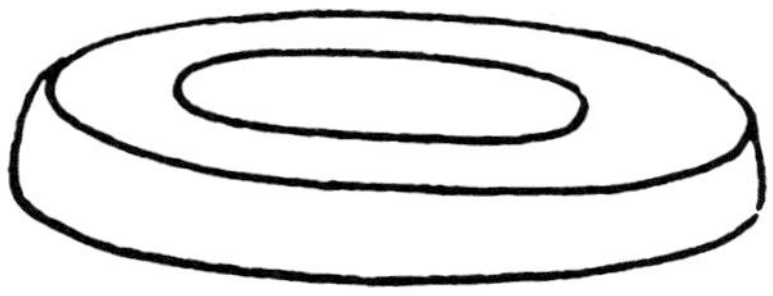

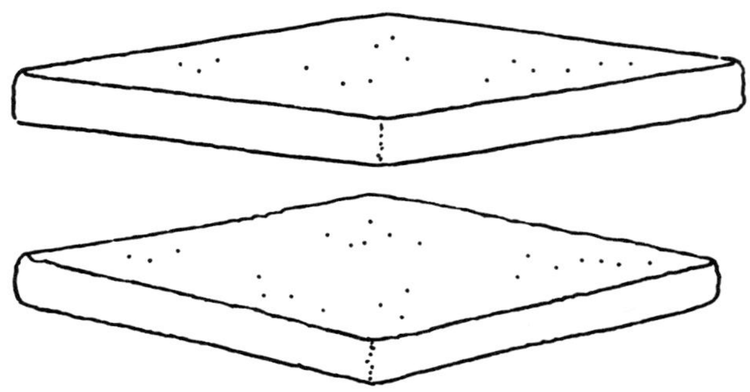

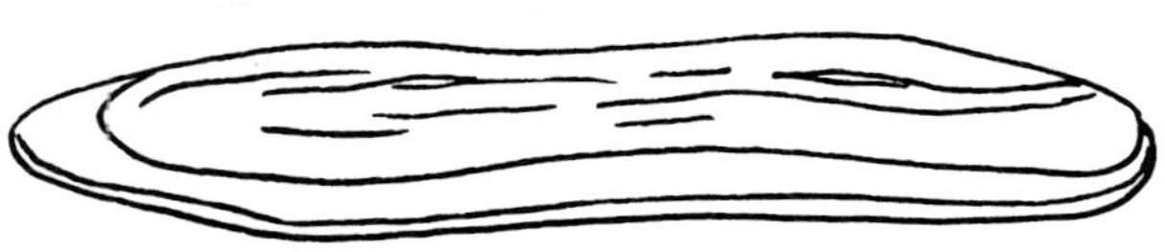

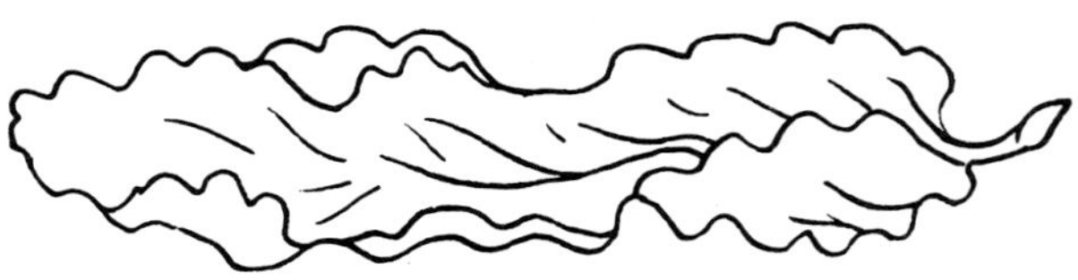

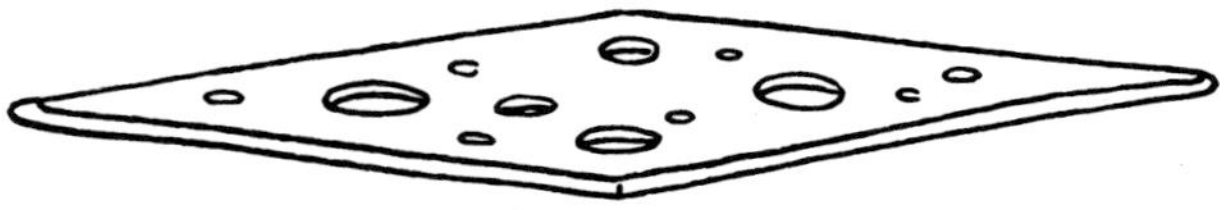

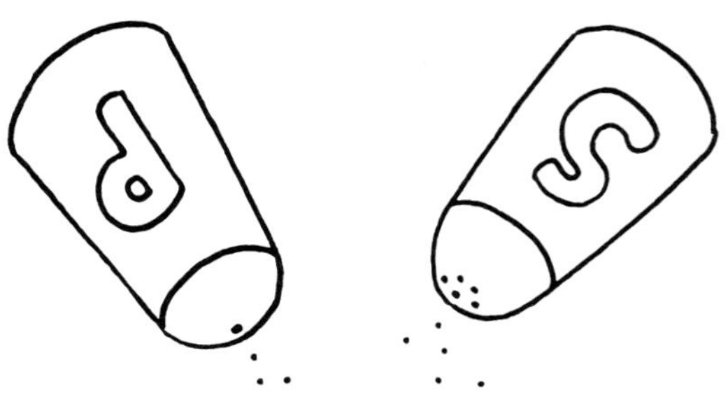

Name: ______________________ Date: ________________ Class: _____

How to make a sandwich

Write the right words to the pictures.

Draw a smiley to the things you like to eat.

Draw a grumpy to the things you don't like to eat.

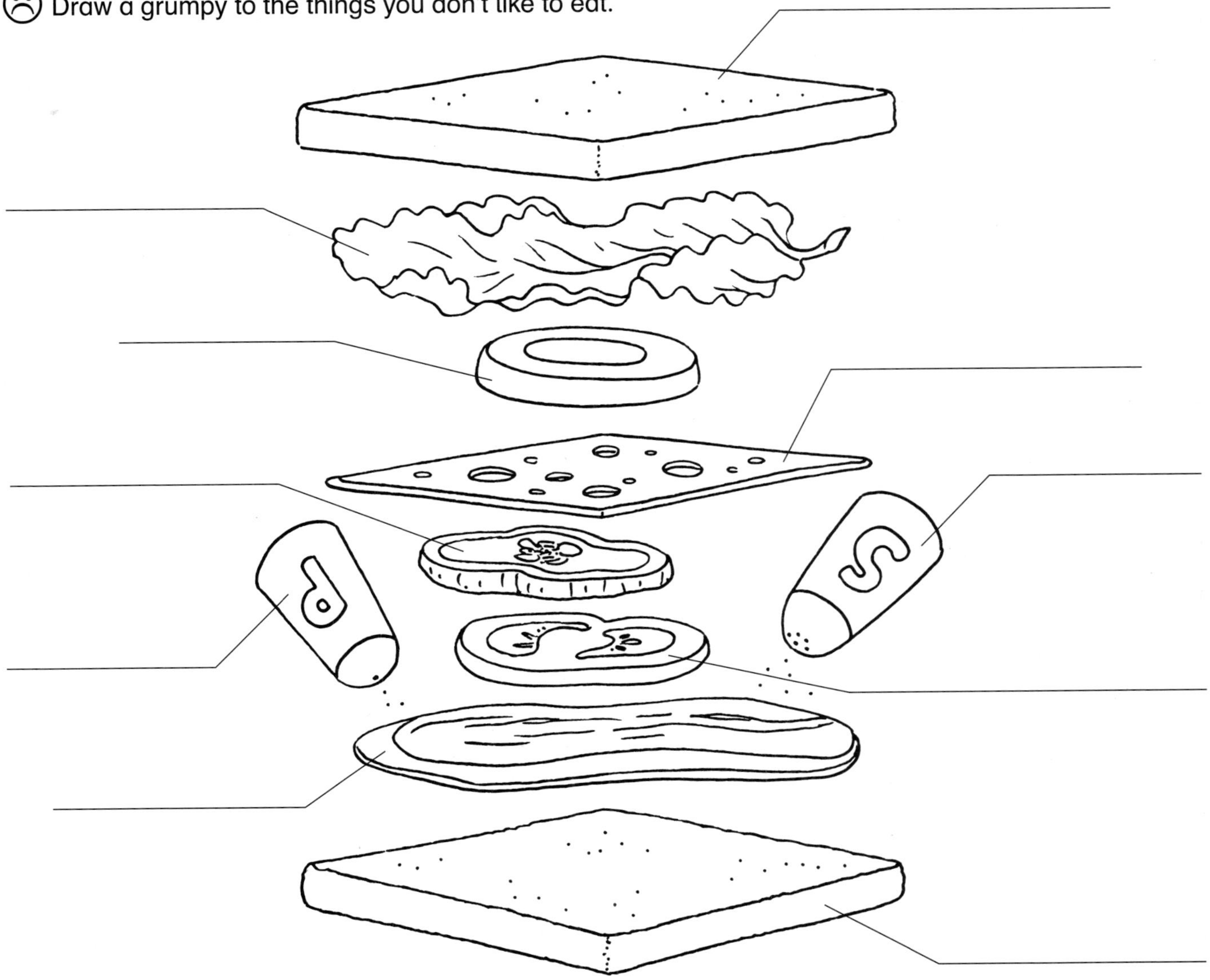

cheese – salt and pepper – egg – tomato –bread – salad – ham – cucumber

What do you like on your sandwich?

On my sandwich I like

____

___________________________________.

My perfect sandwich book

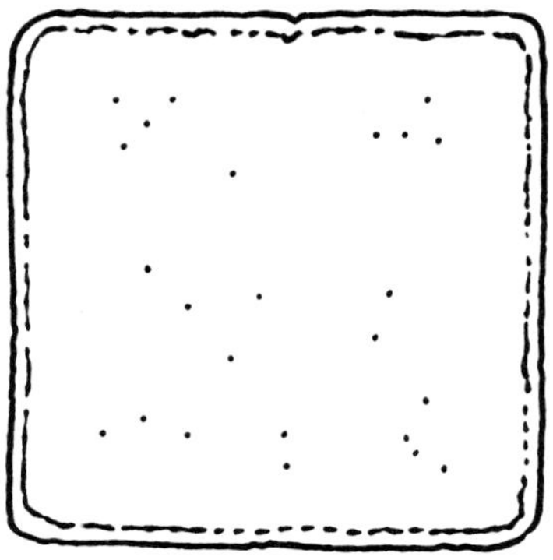

Things I don't like on my sandwich:

____

____

____

____

ham – cheese – egg – salad – tomato – cucumber

Bastelanleitung „My perfect sandwich book“

Write the names of the sandwich ingredients on their pictures.

Cut out the sandwich book and the ingredients.

Fold the sandwich book in zigzag.

Cut the whole sandwich book in sandwich shape.

Glue the ingredients you like into your sandwich book.

Write the ingredients you don't like on the last page of your sandwich book.

Colour your sandwich book.

New furniture for Wally

Kompetenzen und Stundenziele	Vokabeln und Chunks	Material
Kompetenzen: • S können (...) Neues mit eigenem Wissen und eigenen Erfahrungen vergleichen, gezielt in Beziehung setzen und so ihr Wissen erweitern und ausdifferenzieren. • S können Schlüsselwörter suchen und diese nutzen (...). • S können aus der direkten Beobachtung von oder Teilnahme an Interaktionen und Kommunikationsereignissen gezielt und aspektbezogen lernen. **Stundenziel:** • S können einzelne Möbelstücke auf Englisch benennen.	**Vokabeln:** *table, chair, window, door, stairs, stove, sink, refrigerator, cupboard, shelf*[1]*, bathtub, shower, bed, toilet, (cellar, kitchen, dining room, living room, bathroom, hall, bedroom, attic)*	• Wortkarten „Rooms" (KV 46) • Wortkarten „Furniture" (KV 47) • Tafelfiguren „Furniture" (KV 48) • Tafelfiguren „Witch Wally" und „Magic wand" (KV 49) oder echter Zauberstab • Bildkarte „Treasure hunt" und „Clue-Karten" (KV 50) • Arbeitsblatt „Treasure hunt in Wally's house" (KV 51) • Schatzkisten mit Schatz • durchsichtiges Klebeband

Vorbereitung für die Stunde:

- Zauberstab mitbringen oder „Magic wand" (KV 49) kopieren, evtl. anmalen, laminieren und ausschneiden
- Wortkarten „Rooms" (KV 46) kopieren, evtl. laminieren, ausschneiden
- Wortkarten „Furniture" (KV 47) kopieren, evtl. laminieren, ausschneiden
- Tafelfiguren „Furniture" (KV 48) kopieren, evtl. anmalen und laminieren, ausschneiden
- Tafelfigur „Witch Wally" (KV 49) kopieren, evtl. anmalen und laminieren, ausschneiden
- Bildkarte „Treasure hunt" (KV 50) kopieren, evtl. anmalen und laminieren, ausschneiden.
- „Clue-Karten" (KV 50) 2x auf verschiedenfarbiges Papier kopieren, Schülernamen bei Karten „Chair" und „Table" eintragen, ausschneiden, falten und an den richtigen Stellen im Klassenzimmer verstecken
- Arbeitsblatt „Treasure hunt in Wally's house" (KV 51) im Klassensatz kopieren
- Schatz für Clue-Spiel (Süßigkeiten, „no homework"- oder Spielgutschein etc.), 1–2 kleine (farbige) (Schatz-)Kisten und transparentes Klebeband mitbringen und außerhalb des Klassenzimmers verstecken (entweder ein Schatz für beide Gruppen oder zwei Schätze in den beiden Farben der „Clue-Karten")
- Tafelbild vorbereiten

Tafel:

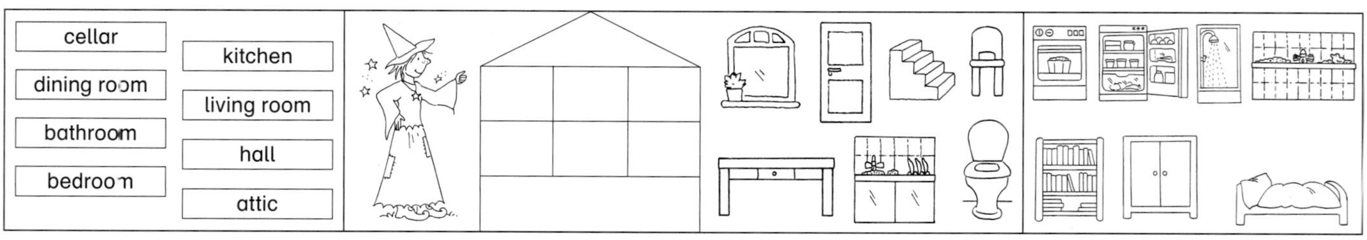

Zu Beginn der Stunde ist die rechte Tafel zugeklappt, sodass nur das Haus und die Hexe zu sehen sind.

1 plural: shelves

Stundenverlauf:

Zeit	Phase	Lehreraktivität	Schüleraktivität	Sozialform	Medien
0:00–0:03	Beginn	L führt Anfangsritual durch.			
0:03–0:10	Einführung	HP begrüßt S und stellt seine Freundin „Witch Wally" vor. HP: *„Hello boys and girls! This is my friend Witch Wally. She can do magic!"* (Falls die S die Hexe bereits aus Klasse 1/2 kennen: *„Do you remember my friend Witch Wally?"*) HP öffnet die linke Tafelseite. HP: *„This is Wally's house."* HP: *„What rooms do you know?"* HP hängt die WKs in die leeren Räume. HP: *„Wally doesn't like her rooms anymore* (mit dem Daumen nach unten zeigen, Kopf schütteln und dadurch Aussage visuell unterstützen). *She wants new furniture."* HP: *„Wally wants a new bed, a new table, ..."* HP: *„She can bring new furniture with her magic wand! Let's do magic together!"* HP: *„Wally does ‚Swish Swash Swooo'. Can you help her? Say ‚Swish Swash Swoo'!"* L schwingt den Zauberstab. HP verabschiedet sich.	S begrüßen und HP und WW. S benennen die Räume auf Englisch (Wiederholung). S zaubern mit WW. S: *„Swish, Swash, Swooo!"*	frontal	Tafel Tafelfiguren „Witch Wally" und "Magic wand" oder echter Zauberstab Wortkarten „Rooms"
0:10–0:30	Erarbeitung	L öffnet rechte Seitentafel. L: „Oh no, what a mess!" L fordert S auf, an die Tafel zu kommen und sich ein Möbelstück zu nehmen: *„XY, please come to the board an take a furniture!"* L: *„What did you take?"* L: *„Yes, it's a chair/table/...! Let's say it together: chair/table/...!"*	S betrachten Tafelbild und äußern Vermutungen zum weiteren Verlauf. S kommt an die Tafel und nimmt sich ein Möbelstück. S benennt das Möbelstück auf Deutsch. S sprechen chorisch nach.	L-S-Interaktion	Tafelbild Tafelfiguren „Furniture"

		L führt Chorsprechübungen durch. L: *„In which room can we put the chair/table/...?"* L: *„XY, please put the chair/table/... in the kitchen/...!"* Auf dieselbe Weise wird mit den übrigen Möbelstücken verfahren. Am Ende dieser Phase erklärt L, dass WW nun glücklich über ihre neuen Möbel ist: *„Now, Wally is very happy about her new furniture!"*	S einigen sich darauf, in welchen Raum das Möbelstück kommt. S befestigt das Möbelstück in dem angegebenen Raum (damit jeder S in Aktion treten darf, kann dieser Vorgang auch von einem anderen S durchgeführt werden).		
0:30–0:42	Festigung	L: *„Now you will go on a treasure hunt. You have to find a treasure."* (BK dazu hochhalten) L: *„You will find clues like this."* (Cluekarte hochhalten) L: *„What do you have to do?"* L: *„That's right, you have to find the next clue. And where is it? The next clue is under the teacher's chair."* L holt die nächste Karte unter seinem Stuhl hervor und liest vor: *„The next clue is ..."* L: *„Now, form two teams, please!"*[1] L verteilt Anfangszettel.	S lesen die Cluekarte und melden sich. S erklären den Satz auf Deutsch oder Englisch und benennen die nächste Fundstelle. S bilden zwei Gruppen. S beginnen die Suche.	S-S Interaktion	Bildkarte „Clue-Karten" Schatzkiste(n) mit Schatz
0:42–0:44 (Puffer)	Hausaufgabe	L lobt beide Gruppen, wenn sie den Schatz gefunden haben. L teilt die Hausaufgabe aus und erklärt sie.	S schreiben sich die Hausaufgabe auf.	Frontal	Arbeitsblatt
0:44–0:45	Abschluss	L führt Abschlussritual durch.			

1 Es ist je nach Klasse verschieden, wie Sie die Gruppen am besten bilden (z. B. Mädchen gegen Jungen, durch das Ziehen farbiger Zettel, mit durchzählen, ...)

Ideensammlung für weitere Stunden

Spiele:

- What's missing? („Die Basis")
- Montagsmaler mit „Furniture"-Wortschatz

Kinderbücher:

- Winnie the witch (Valerie Thomas/Korky Paul)

Weitere Übungen:

- Möbel im Klassenzimmer beschriften
- Schüler richten ihr Traumkinderzimmer ein (auf einem leeren DIN-A4-Blatt) und stellen es ihren Mitschülern vor.

Chunks:

- In my room there is a/an ...

Wortkarten „Rooms“

cellar	kitchen
dining room	living room
bathroom	corridor
bedroom	attic

Wortkarten „Furniture“

table	chair	window
door	chairs	stove
sink	refrigerator	cupboard
shelf	bathtub	shower
toilet	bed	

Tafelfiguren „Furniture"

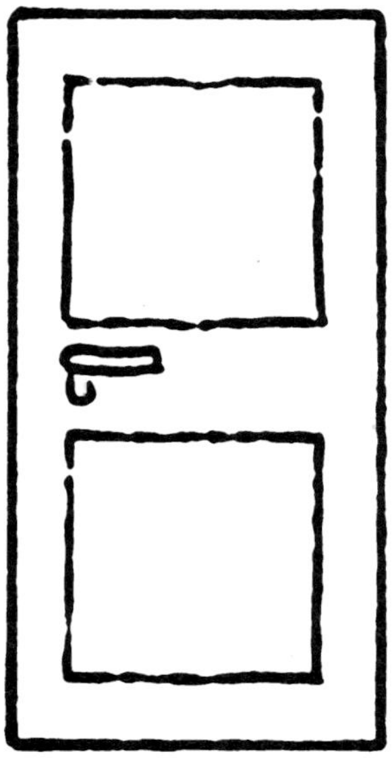

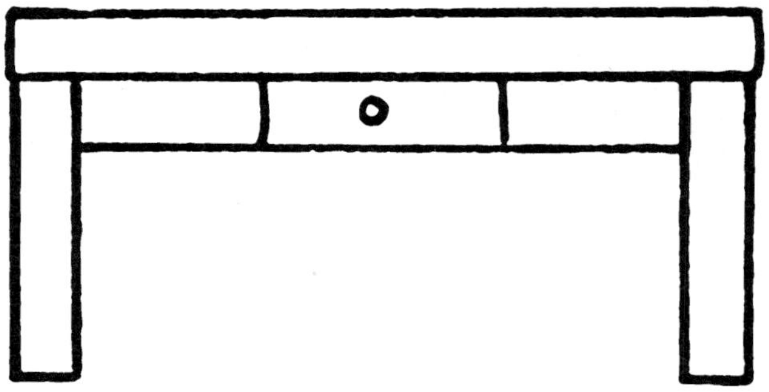

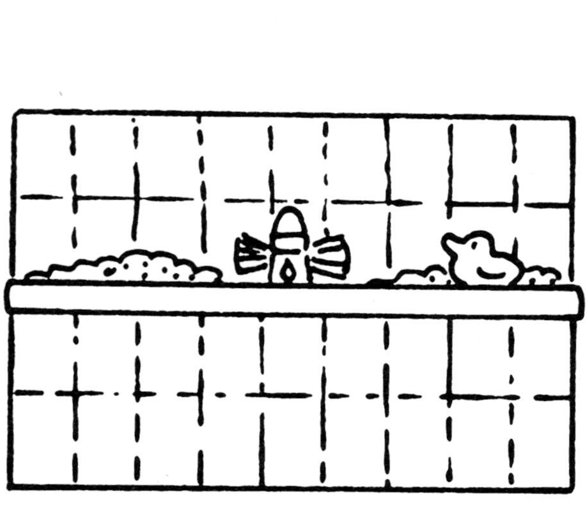

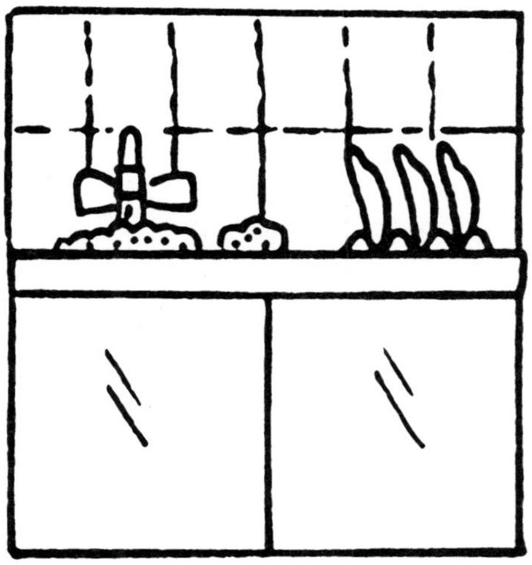

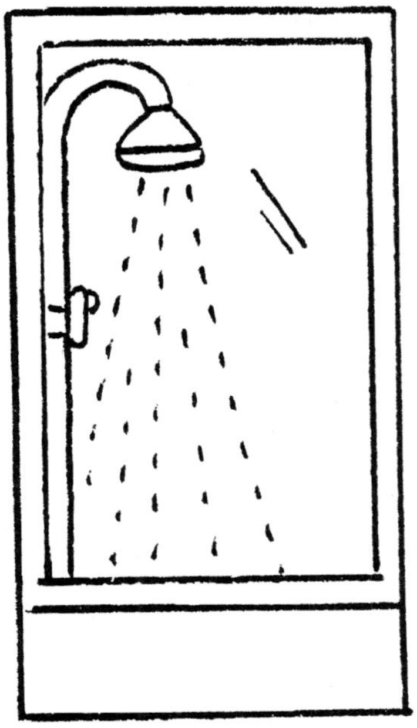

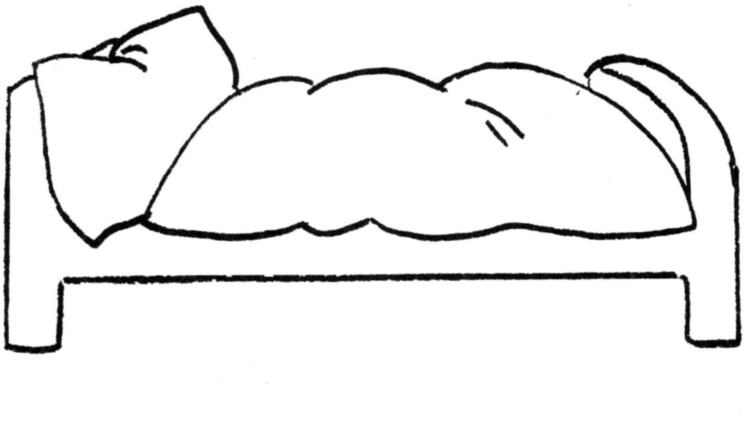

Tafelfiguren „Witch Wally" und „Magic wand"

Bildkarte „Treasure hunt“ und „Clue-Karten”

	**example** The next clue is under the teacher's chair.
The next clue is under ________________ chair.	The next clue is under ________________ table.
The next clue is behind the board.	The next clue is on the door.
The next clue is on the window.	The next clue is in the cupboard.
The next clue is under the sink.	The next clue is on the shelf.
The next clue is outside the room, close to the door.	You found the treasure. Congratulations!

Name: ______________________ Date: ________________ Class: ______

Treasure hunt in Wally's house

Wally can't find her wand. Can you help her? Start at the bathtub and follow the clues.

Take a ruler and a pencil and connect the clues in the right order.

(S) The next clue is next to the sofa.

(!) The next clue is in the living room.

(E) The next clue is on the stove.

(W) The next clue is under the bed.

(F) The next clue is in the sink.

(L) The next clue is on the stairs.

(R) The next clue is behind the shoes.

(O) The next clue is in the cupboard.

The wand is in the ( ) ( ) ( ) ( ) ( ) ( ) ( ) ( )

My hobbies

Kompetenzen und Stundenziele	Vokabeln und Chunks	Material
Kompetenzen: • S können (...) Neues mit eigenem Wissen und eigenen Erfahrungen vergleichen, gezielt in Beziehung setzen und so ihr Wissen erweitern und ausdifferenzieren. • S können aufgrund kontextueller Hilfen Vermutungen zum Inhalt, zum Thema (...) nutzen. • S können kurze, einfache Mitteilungen verstehen; die Hauptaussage verstehen. **Stundenziel:** • S können Hobbys auf Englisch benennen.	**Vokabeln:** *playing football*[1]*, singing, riding a bike, inline skating, swimming, watching TV, dancing, reading, playing the piano*	• Bildkarten „Hobbies" (KV 52) • Wortkarten „Hobbies" (KV 53) • Arbeitsblatt „My hobbies" (KV 54)

Vorbereitung für die Stunde:

- Bildkarten „Hobbies" (KV 43) kopieren, evtl. anmalen und laminieren, ausschneiden
- Wortkarten „Hobbies" (KV 44) kopieren, evtl. laminieren, ausschneiden
- Arbeitsblatt „My hobbies"(KV 45) im Klassensatz kopieren
- Tafelbild vorbereiten: Wortkarten „Hobbies" (KV 44) und Bildkarten „Hobbies" (KV 43) an der Tafel befestigen und diese zuklappen

Tafel:

playing football

singing

riding a bike

inline skating

swimming

watching TV

dancing

reading

playing the piano

1 Die amerikanische Übersetzung für Fußball lautet „soccer".

Stundenverlauf:

Zeit	Phase	Lehreraktivität	Schüleraktivität	Sozialform	Medien
0:00–0:03	Beginn	L führt Anfangsritual durch.			
0:03–0:08	Einführung	L öffnet Tafel als stummen Impuls.	S betrachten Tafelbild. S stellen Vermutungen zum weiteren Geschehen an. („*Das müssen wir ordnen.*“, ...) S erkennen das Thema der Stunde. („*Das sind Hobbys.*“, ...)	Frontal	Tafel Wortkarten Bildkarten
0:08–0:30	Erarbeitung	L: „*(Yes), these are hobbies.*” L deutet auf die BKs: „*Which hobbies can you find?*” L wiederholt die Wörter auf Englisch: „*Yes, it’s playing football/...*“ L bittet S nach vorne, um die richtige WK unter die jeweilige BK zu heften: „*XY, please come to the board and find the right word card for ‚playing football’/...*” L zeigt auf die WK+BK: „*Yes, this is right! It’s ‚playing football’. Let’s say it together: playing football!*” L wiederholt Vokabel mit verschiedenen Chorsprechübungen. L verfährt mit den anderen Vokabeln nach dem gleichen Muster. (Falls die WK falsch zugeordnet wurde, wird dies erst berichtigt und erst dann die neue Vokabel eingeübt. L: „*No, this isn’t the right word. Who has got another idea? XY, can you find the right word card for ‚playing football’/...?*”)	S nennen Hobbys, die sie erkennen: „*It’s Fußball spielen/...*“ S entscheidet sich für eine WK, die seiner/ihrer Meinung zur jeweiligen BK passt, und heftet sie unter dieselbe. S sprechen chorisch nach.	L-S-Interaktion	Tafel Bildkarten Bildkarten

0:30–0:40	Festigung 1	L schließt die Tafel. L verteilt AB und erklärt die Aufgabe: „*Please, tick the right word that belongs to the picture!*“ Zur Kontrolle wird die Tafel wieder geöffnet.	S bearbeiten AB. S kontrollieren ihre Ergebnisse selbständig.	EA	Arbeitsblatt
0:40–0:44 (Puffer)	Festigung 2	L: „*Can you guess my hobby?*“ L spielt ein Hobby pantomimisch vor. L: „*Hands up if you know my hobby!*“ L ruft einen S auf: „*XY, what's my hobby?*“ L: „*Yes, it's...!*“ L bittet S nach vorne: „*XY, please show us your hobby!*“	S melden sich mit Handzeichen, wenn sie das Hobby erraten haben. Der aufgerufene S nennt das vorgespielte Hobby auf Englisch: „*It's playing football/...*“ S wiederholen Vokabeln auf Englisch. S darf sich nun selbst ein Hobby von der Tafel aussuchen, welches er der Klasse pantomimisch vorspielt. Der nächste S, der das Hobby errät, darf dann ein weiteres Hobby vorspielen usw.	L-S-Interaktion	
0:44–0:45	Abschluss	L führt Abschlussritual durch.			

Ideensammlung für weitere Stunden

Bastelarbeiten:
- Minibuch „My hobbies" gestalten („Die Basis")

Spiele:
- Find your partner: Bildkarten „Hobbies" (KV 52) und Wortkarten „Hobbies" (KV 53) in der Menge kopieren, dass jeder Schüler entweder eine Bild- oder eine Wortkarte erhält. Durch Fragen findet jeder Schüler seinen Partner.

Weitere Übungen:
- Class survey „Which hobbies do you like?"

Chunks:
- I like ...
- I don't like ...

Bildkarten „Hobbies“

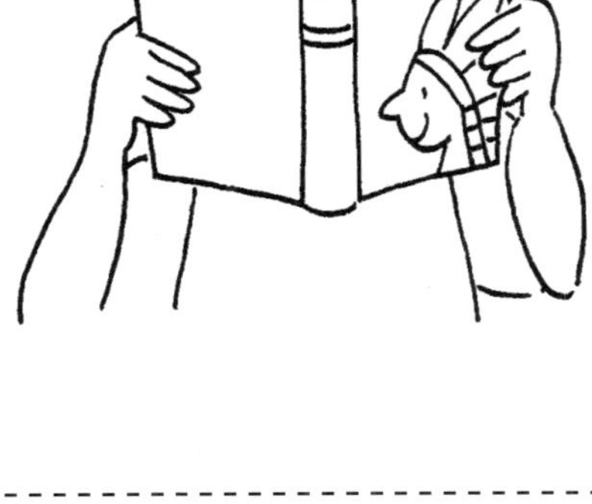

Wortkarten „Hobbies“

playing football	singing	riding a bike
inline skating	swimming	watching TV
dancing	reading	playing the piano

Name: ______________________ Date: ________________ Class: _____

My hobbies

Tick the right hobby.

- O singing
- O inline skating
- O dancing

- O singing
- O swimming
- O playing the piano

- O inline skating
- O watching TV
- O swimming

- O dancing
- O reading
- O playing football

- O swimming
- O riding a bike
- O playing football

- O reading
- O riding a bike
- O dancing

- O playing football
- O inline skating
- O watching TV

- O playing the piano
- O playing football
- O riding a bike

- O swimming
- O riding a bike
- O reading

A trip to London

Kompetenzen und Stundenziele	Vokabeln und Chunks	Material
Kompetenzen: • S können aus der direkten Beobachtung von oder Teilnahme an Interaktionen und Kommunikationsereignissen gezielt und aspektbezogen lernen. • S können (...) Neues mit eigenem Wissen und eigenen Erfahrungen vergleichen, gezielt in Beziehung setzen und so ihr Wissen erweitern und ausdifferenzieren. • S können aufgrund kontextueller Hilfen Vermutungen zum Inhalt, zum Thema oder zur Aussageabsicht anstellen (...) **Stundenziel:** S kennen die Sehenswürdigkeiten von London und können einige Fortbewegungsmittel auf Englisch nennen.	**Vokabeln:** *sights, London Tower, Tower Bridge, London Eye, London Zoo, Buckingham Palace, plane, bus, car, taxi, boat, to walk* **Chunks:** *I/We go to London by …* *I/We walk to London.*	• Handpuppe • evtl. Schirm • Bildkarten „Transportation" (KV 55) • Bildkarten „London's sights" (KV 56) • Arbeitsblatt „London's sights" (KV 57) • Arbeitsblatt „A trip to London" (KV 58)

Vorbereitung für die Stunde:

- evtl. Schirm für die „Reisegruppe" mitbringen
- Bildkarten „Transportation" (KV 55) und Bildkarten „London's sights" (KV 56) kopieren, evtl. anmalen und laminieren, ausschneiden
- Arbeitsblätter „London's sights" (KV 57) und „A trip to London" (KV 58) im Klassensatz kopieren
- sechs waagrechte Striche für das Spiel „Hangman" an die Tafel zeichnen
- im Klassenzimmer, im Schulhaus oder auch auf dem Schulhof die Bildkarten „London's sights" (KV 56) platzieren

Tafel:

	_ _ _ _ _ _	

Tipps für die Stunde:

- Denken Sie sich im Vorfeld eine Sightseeing-Route aus und gehen Sie diese gut durch, damit Sie auf der „sightseeing tour" die Bildkarten-Stationen sicher anlaufen können.
- Sprechen Sie für jede Station die einzelnen Sätze durch und üben Sie diese im Vorfeld. Je sicherer Sie sind, desto realistischer kann die Tour durchgespielt werden.

Stundenverlauf:

Zeit	Phase	Lehreraktivität	Schüleraktivität	Sozialform	Medien
0:00–0:03	Beginn	L führt Anfangsritual durch.			
0:03–0:13	Einführung	HP begrüßt S. HP: *„Children, today I want to go on a trip with you! Do you want to come with me?"* HP: *„Do you want to know, where we go to?"* HP klappt die Tafel auf: *„Find out where we go to today!"* HP spielt mit S „Hangman". HP: *„Yes, we go to London today!"* HP klärt Vorwissen mit Fragen wie: *„Do you know London?"/„Where is London?"/„Who lives in London?"/„Has anybody of you ever been to London?"* HP: *„So, let's go to London!"*	S: *„Yes!"* S: *„Yes!"* S ermitteln durch das Einsetzen von Buchstaben auf der Linie das Wort „London". S sagen, was sie über London wissen.	Frontal	Handpuppe Tafel
0:13–0:25	Erarbeitung 1	HP: *„How can we go to London?"* HP: *„(Yes,) we can go to London by car!"* L zeigt entsprechende Bildkarte und befestigt sie an der linken Seitentafel. HP: *„Let's say it together: We go to London by car!"* L verfährt mit den anderen Chunks nach dem gleichen Muster. HP einigt sich mit S darauf, wie sie nach London kommen wollen. HP: *„So let's go to London by ...!"* HP simuliert kurz die Reise nach London mit den S.	S überlegen, wie man nach London kommt: fliegen, mit dem Schiff, mit dem Auto, ... S sprechen chorisch nach. S „reisen" nach London.	Frontal	Tafel Bildkarten „Transportation"

0:25–0:35	Festigung 1	HP: *„Welcome to London, boys and girls! I'm your guide today. Let's go on a sightseeing tour[1]! We go on a sigthseeing tour by bus! Please get on the bus!"* L erklärt, dass die S sich wie bei einer Polonaise aufstellen sollen. HP lenkt den „Bus" zur ersten Sehenswürdigkeit: *„Here is our first sight: The Tower Bridge!"* HP: *„What's the name of the sight?"* HP: *„Let's say it together: Tower Bridge!"* HP: *„Let's take a picture! Click click!"* Anschließend nimmt HP die BK mit. HP führt S zum Schluss wieder ins Klassenzimmer. HP: "Here we are! Get off the bus!" HP verabschiedet sich.	S stellen sich auf. S nennen den Namen der Sehenswürdigkeit und wiederholen ihn gemeinsam. S fotografieren pantomimisch die Sehenswürdigkeit. S setzen sich zurück an die Plätze. S verabschieden HP.	Frontal	Bildkarten „London's sights"
0:35–0:42	Festigung	L verteilt ABs. L: *„So, let's see what you remember! Which sight did we see first?"* L: *„Yes, it was the Tower Bridge! So put number 1 to Tower Bridge."* L verfährt mit den anderen Sehenswürdigkeiten nach dem gleichen Muster.	S nennen die erste Sehenswürdigkeit. S suchen die Sehenswürdigkeit auf dem AB und schreiben eine 1 dahinter.	Frontal	Bildkarten „London's sights" Arbeitsblatt „London sights"
0:42–0:44 (Puffer)	Hausaufgabe	L erklärt HA: *„Please, find the name of the sight, connect the word with the according picture and write the name below the picture!"*	S erklären HA nochmal auf Deutsch.	Frontal	Arbeitsblatt „A trip to London"
0:44–0:45	Abschluss	L führt Abschlussritual durch.			

1 Der Begriff „sightseeing" kann evtl. auf Deutsch erklärt werden.

Ideensammlung für weitere Stunden

Spiele:

- „One, two, three, please come to me" mit Fortbewegungsmitteln (*„How can I come?" – „By boat!"*) („Die Basis")

Bastelarbeiten:

- Minibuch „London's sights" herstellen

Kinderbücher:

- Paddington abroad (Michael Bond)
- Katie in London (James Mayhew)

Lieder:

- The wheels on the bus (CD Track 6, KV 59)

Weitere Übungen:

- auf einem Stadtplan von London die Sehenswürdigkeiten suchen und eine eigene sightseeing tour einzeichnen

Bildkarten „Transportation"

Bildkarten „London's sights"

Name: ______________________ Date: ________________ Class: _____

London's sights

Connect the words with the pictures.

- Tower Bridge

- London Eye

- London Zoo

- Buckingham Palace

- London Tower

Name: ______________ Date: ______________ Class: ______

A trip to London

How do you go to the sights?

Write.

Example:

I go to London Eye by bus.

I go to ______________ by ________.

I go to ______________ by ________.

I go to ______________ by ________.

I go to ______________ by ________.

London Tower – Tower Bridge – London Zoo – Buckingham Palace – ~~London Eye~~ – ~~bus~~ – train – car – taxi – plane

The wheels on the bus

Lied: traditionell, Text: teilweise adaptiert

1. The wheels on the bus go round and round, round and round,

round and round, the wheels on the bus go round and round, all through town.

1. *(Immer bei „round" mit den Armen Kreisbewegungen machen.)*
2. The babies on the bus go wa wa wa. *(Immer bei „wa" die Augen zusammenkneifen, Hände zu Fäusten ballen und mit den Armen strampeln.)*
3. The mummies on the bus go shush shush shush. *(Immer bei „shush" so tun, als würde man ein Baby zärtlich wiegen.)*
4. The children on the bus jump up and down. *(Immer bei „up and down" aufspringen und sich wieder setzen.)*
5. The driver on the bus goes don't do that. *(Immer bei „don't do that" den Zeigefinger mahnend erheben und streng schauen.)*

Going shopping

Kompetenzen und Stundenziele	Vokabeln und Chunks	Material
Kompetenzen: • S können bekannte Fragen und Anweisungen verstehen und neue Fragen und Anweisungen mithilfe bekannten Sprachmaterials zum großen Teil sinngerecht verstehen und entsprechend reagieren. • S können aus der direkten Beobachtung von oder Teilnahme an Interaktionen und Kommunikationsereignissen gezielt und aspektbezogen lernen. **Stundenziel:** • S können mit Hilfe der vorgegebenen Struktur einen Einkaufsdialog formulieren.	**Vokabeln:** *shop, car, ball, book, computer, teddy, doll, radio, skateboard, game, …* **Chunks:** *Hello. How can I help you? I would like … Would you like anything else? No, thank you. Alright, that's … please. Here you are. Thank you. Goodbye.*	• Bildkarten „Toys" (KV 60) • weitere Bildkarten (z. B. aus „Die Basis") • Magnete • Arbeitsblatt „In the ‚Everything shop'" (KV 61) • Tafelkarten „Going shopping" (KV 62) • Arbeitsblatt „In the shop" (KV 63)

Vorbereitung für die Stunde:

- Bildkarten „Toys" (KV 60) kopieren, evtl. anmalen und laminieren, ausschneiden
- weitere Bildkarten mit möglichen Einkaufsprodukten (Kleidung, Speisen, Haustiere, Schulsachen, …), z. B. aus „Die Basis" mitbringen
- Magnete mitbringen
- Arbeitsblatt „In the ‚Everything shop'" (KV 61) im Klassensatz kopieren
- Tafelkarten „Going shopping" (KV 62) evtl. laminieren, ausschneiden
- Arbeitsblatt „In the shop" (KV 63) im Klassensatz kopieren
- Tafelbild vorbereiten: leeres Regal aufmalen, Schild „Everything shop", Verkäuferin und Kasse entweder selbst aufmalen oder Tafelkarten „Going shopping" (KV 62) verwenden

Tafel:

Stundenverlauf:

Zeit	Phase	Lehreraktivität	Schüleraktivität	Sozialform	Medien
0:00–0:03	Beginn	L führt Anfangsritual durch.			
0:03–0:10	Einführung	L öffnet Tafel als stillen Impuls. L kann Hilfestellung geben, falls zu wenige Aussagen der S kommen („*What can you see?/What is missing?/...*“) und gegebenenfalls deutsche Aussagen ins Englische übersetzen: „*You are right, it is a shop.*“	S betrachten Tafelbild und äußern Vermutungen.	Klassengespräch	Tafel mit Tafelbild
0:10–0:20	Erarbeitung	L schließt Vermutungen ab, indem er zusammenfasst, was die S alles herausgefunden haben, und betont, dass noch etwas fehlt: „*You said, something is missing.*“ L: „*Yes, we need things to buy. What do you think? What can you buy in an ‚Everything shop'?*” L hängt entsprechende BKs an die Tafel, malt oder schreibt die Beispiele an die Tafel. L erklärt Arbeitsauftrag: „*Work in pairs and think of things you would like to buy in the ‚Everything shop'. Write or draw it into the shelves.*“ L teilt AB aus.	S wiederholen auf Deutsch oder Englisch, dass Dinge zum Kaufen in dem Laden fehlen. S nennen Beispiele. S arbeiten gemeinsam an ihren ABs. Bei Fragen und Übersetzungsschwierigkeiten wird der Lehrer gefragt.	Partnerarbeit	Tafel mit Tafelbild Bildkarten Magnete Arbeitsblatt „The ‚Everything shop'“
0:20–0:25	Festigung 1	L beendet Arbeitsphase (mit akustischem Signal) und lässt sich die besten Ideen nennen, um den Shop an der Tafel zu füllen. L: „*Please stop and tell me your best ideas.*“ L malt die Ergebnisse in die Regale (oder nutzt vorhandene BKs). L: „*Thank you, you had great ideas and our shop is full now.*”	S beenden die Arbeit und nennen ihre Ergebnisse.	Frontal	Tafel mit Tafelbild Arbeitsblatt „The ‚Everything shop'“ Bildkarten Magnete

0:25–0:40	Erarbeitung 2	L: „*Now, we need to know how to go shopping. Look at the speech bubbles* (L zeigt auf Tafel). *What do you say when you come into a shop?*" L: „*That is right, we say ‚Hello' first. What does the shop assistant answer?*" L: „*Let's read the dialogue together.*" L und S lesen Dialog zusammen in langsamem Tempo. *L: „Does this sound right to you?"* *L: „Yes, good job!"* L teilt ABs aus: „*Please copy the dialogue.*"	 S antworten: „*Hello!*" S ordnen Sprechblasen an der Tafel. S sprechen Dialog mit. S antworten: „*Yes!*" S schreiben Dialog aufs AB.	Frontal	Tafelkarten Arbeitsblatt „In the shop"
0:35–0:42 (Puffer)	Festigung 2	L: „*Who would like to read the dialogue* (L zeigt auf Tafel)*?*" L erklärt Arbeitsauftrag: „*Work with your partner. Read the dialogue together.*" L geht durch die Klasse und hilft den S.	2 S oder 1 S und der L machen einen Einkaufsdialog vor. Es wird willkürlich ausgesucht, was gekauft wird. Der Preis wird auch willkürlich festgelegt. Dies kann je nach Zeit ein paar Mal wiederholt werden. Dann können die Schüler in Partnerarbeit selbst ein Verkaufsgespräch führen.	Partnerarbeit	Tafelkarten
0:42–0:44	Hausaufgabe	L erklärt Hausaufgabe: „*Please write one shopping dialogue in your exercise book.*"	S schreiben Hausaufgabe in Hausaufgabenheft.	Frontal	
0:44–0:45	Abschluss	L führt Abschlussritual durch.			
In der nächsten Stunde		S üben ihr Rollenspiel in Partnerarbeit und führen es der Klasse vor.			

Ideensammlung für weitere Stunden

Weitere Übungen:

- Rollenspiel mit Spielgeld und Gegenständen zum Kaufen erarbeiten
- zusätzlich Preisschilder an die Waren machen und so auf Englisch rechnen
- Rollenspiel mit spezialisierten Läden erarbeiten, um bestimmte Wortfelder zu wiederholen, z. B. Lebensmittelladen, Bekleidungsgeschäft, Tierhandlung, Schreibwarenladen, Spielzeugladen, ...

Weiterführende Themen:

- Bestellen in einem Café/Schnellrestaurant: *„What would you like to drink?/What would you like to eat?"*
- Pfund als Währung in Großbritannien kennenlernen

Kinderbücher:

- Just shopping with mom (Mercer Mayer)

Chunks:

- weitere Sätze für mögliche Verkaufsgespräche einführen; Übersicht z. B. unter http://englisch-lernen-online.net/konversation/dialoge-einkaufen/

Bildkarten „Toys“

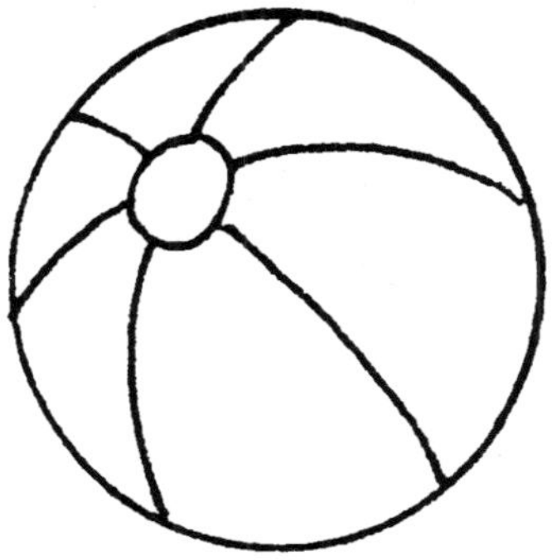

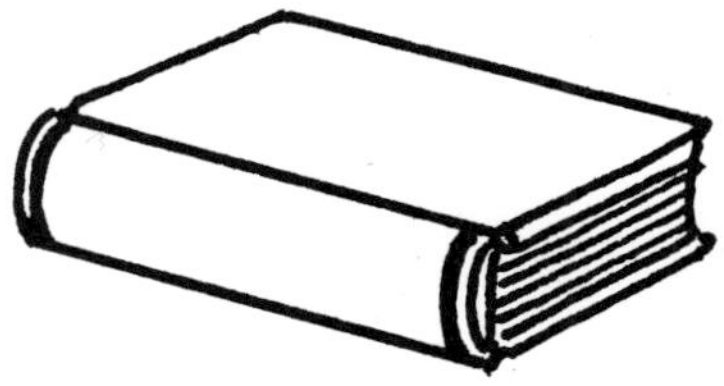

Name: ______________________ Date: ________________ Class: _____

The ‚Everything shop‘

Write or draw things to buy in the ‚Everything Shop'.

Tafelkarten „Going shopping"

Hello.

Hello, how can I help you?

I would like …

Would you like anything else?

No, thank you.

Alright, that's …, please.

Here you are.

Thank you. Goodbye.

Goodbye.

Name: ______________________ Date: ________________ Class: _____

In the shop

Write a dialogue.